NE LAISSONS PAS TOMBER LES CLASSES MOYENNES !

CONVERSATIONS POUR RÉINVENTER L'ASSURANCE, DANS LE SUD COMME DANS LE NORD

Dans la même collection :

Entreprises à impact, Isabelle Grosmaitre, Éditions Télémaque, 2022.

92, avenue de France, 75013 Paris
ISBN : 978-2-7533-0477-2

Garance Wattez-Richard
Avec la collaboration de David Ménascé

NE LAISSONS PAS TOMBER LES CLASSES MOYENNES !

CONVERSATIONS POUR RÉINVENTER L'ASSURANCE, DANS LE SUD COMME DANS LE NORD

éditions
TÉLÉMAQUE

Sommaire

Introduction

Nous avons tous le sentiment, que nous soyons Européens, Asiatiques, Américains ou Africains, que le monde est à un tournant. Nul besoin de dramatiser, tant l'actualité nous donne d'occasions de nous inquiéter : risques politiques avec le retour de la guerre en Europe et au Moyen-Orient, conséquences dramatiques du changement climatique, montée des inégalités et effritement de la cohésion sociale, polarisation de nos sociétés qui en résulte. Difficile de ne pas être emphatique, tant nous sentons tous confusément notre monde commun menacé d'effondrement. Mais il y a aussi des sources d'optimisme, car beaucoup cherchent la meilleure manière de s'engager.

J'ai eu, j'ai, je continue d'avoir l'opportunité, le privilège même, de pouvoir m'engager aux deux titres : personnellement, mais aussi professionnellement.

Le monde de l'assurance ou même des services financiers n'est sans doute pas le premier domaine qui vient à l'esprit quand on parle d'« engagement ». On pense plus naturellement aux sphères humanitaires, politiques, associatives. Mais tous ceux qui ont choisi ce secteur savent que l'assurance peut être une extraordinaire fabrique de *commun*. « Fabrique », au sens quasi artisanal, car petit à petit, au travers – en particulier – de techniques financières de plus en plus pointues, précises, un assureur partage les risques de chacun et permet, à cet égard, de tisser un lien invisible, mais pourtant si réel, si utile, entre chaque client. Ce que nous appelons la mutualisation du risque est tout simplement une fabrique du *Nous.*

Mais l'assurance peut aussi se transformer en machine à exclure : exclure ceux dont les risques seraient trop importants, trop émergents et donc pas compris parce que sans passé ; exclure ceux qui ne peuvent pas payer ; exclure aussi ceux et celles – j'y reviendrai – dont les risques sont sous-estimés ou négligés. J'essaie, avec de très nombreux collègues au sein d'AXA, de contribuer à cette logique de monde commun.

Je me suis d'abord impliquée sur la question de la couverture assurantielle des femmes. Le monde de l'assurance a longtemps peu prêté attention à la question du genre. En étant indifférents à cette question, nous savons aujourd'hui que nous n'étions pas, en tant qu'industrie, neutres, mais au contraire, biaisés en faveur des hommes. Il faut, en effet, penser à la spécificité des risques et des enjeux pour les femmes, et à la façon dont elles prennent des décisions, dont elles analysent les risques. Femmes en tant que femmes, mais aussi et je pense même surtout, en tant que preneuses de décisions, portes d'entrée de la protection holistique du ménage, propriétaires de patrimoine, cheffes d'entreprises. Cela a donné le rapport *SHEforShield,* rédigé en collaboration avec l'IFC et Accenture[1], à l'origine d'engagements forts de notre Groupe. Le *Nous* est évidemment masculin *et* féminin.

En 2016 m'a été confiée la responsabilité de lancer une initiative dont la mission était de protéger les personnes à moindres revenus dans les pays émergents. Je n'avais pas forcément l'expertise requise, n'ayant jamais créé un business ni fait mes preuves en tant qu'entrepreneuse ou intrapreneuse[2], et ayant toujours évolué

1. *SHEforShield: Insure Women to Better Protect All,* rapport du Groupe AXA, IFC-Banque mondiale et Accenture, septembre 2015. Disponible sur : *www.axa.com/fr/presse/publications*

2. Ensemble de méthodes et de processus par lesquels une personne vient à entreprendre au sein d'une entreprise déjà existante (qui ne lui appartient

dans des fonctions *corporate* ou de conseil. AXA m'a pourtant fait confiance en pariant justement sur mon expérience personnelle de fille de diplomate des Nations unies ayant vécu dans plusieurs pays émergents et ainsi, je crois, sur mon engagement. Engagement pour contribuer à étendre cette frontière du commun de l'assurance à ceux qui vivent avec moins.

C'est à ce moment-là que je suis devenue, évidemment sans me l'être au départ formulé comme tel, une intrapreneuse. C'était, en effet, l'opportunité de créer un nouveau business dont la raison d'être était, est toujours, de concevoir de nouvelles offres pour des clients que nous ne touchions pas jusqu'ici. Et ceci, en m'appuyant, entre autres choses, sur mon expérience personnelle de ces pays, comme je le mentionne plus haut. Je le répète et le précise, car je pense que l'un des facteurs clés de succès de l'entre/intrapreneur est de pouvoir lier sa vie, ses valeurs, ses expériences personnelles à son savoir-faire, ses convictions et son ambition professionnelles : on ne pose pas son stylo (ou délaisse son clavier) à 19 heures le vendredi soir pour le reprendre le lundi matin, on y pense tout le temps. Parlant de facteurs de succès de l'intrapreneuriat, je suis aussi fondamentalement convaincue qu'un autre de ces facteurs est de connaître en profondeur l'organisation dans laquelle on navigue. Il y avait pléthore de personnes qui étaient bien mieux au fait de ces clients potentiels, de leur quotidien, de leurs risques, que moi. Mais je travaillais depuis déjà plusieurs années dans ce groupe, et j'avais donc l'avantage d'avoir développé un réseau, d'avoir une bonne connaissance des leviers et de savoir naviguer – en tout cas, mieux qu'un expert venu de l'extérieur. J'y reviens à plusieurs reprises au long des entretiens proposés dans ce livre, mais les premières barrières d'un intrapreneur sont beaucoup plus

pas), souvent une grande société. Comme son nom l'indique, l'intrapreneur / intrapreneuse crée un projet innovant en interne, à la différence de l'entrepreneur / entrepreneuse qui gère une entreprise qu'il ou elle a créée.

internes qu'elles ne sont externes, surtout quand l'opportunité ne fait pas déjà partie de l'ADN de l'entreprise – ce qui est presque mécaniquement très souvent le cas, sinon ce ne serait pas de l'intrapreneuriat. Enfin, et c'est essentiel, le dernier facteur important réside dans la conviction, chevillée au corps et exprimée comme telle, des grands décideurs. Sans leur soutien indéfectible, sans la conviction profonde de notre CEO, nous serions très loin de protéger plus de 14 millions de personnes aujourd'hui.

Ma conviction simple, et que j'ai pu éprouver si souvent ces dernières années, est que la vulnérabilité n'est pas une situation mais, avant tout, un *risque*. Et donc que l'assurance – et ce qu'elle peut apporter – est, doit être, intimement liée à ce sujet de la vulnérabilité.

À vrai dire, j'emprunte cette expression simple mais particulièrement éclairante à la grande historienne Laurence Fontaine. La définition de la vulnérabilité, en général, fait l'objet de multiples débats entre historiens, économistes, politiciens. Il existe notamment un champ considérable visant à définir un *seuil* de pauvreté ou de vulnérabilité. Il est relatif dans les pays matures et absolu dans les pays émergents, si l'on suit les définitions de la Banque mondiale, notamment[1]. Mais ces approches, nous rappelle Laurence Fontaine, sont bien trop statiques : « *Ces approches oublient que les individus ne vivent pas uniquement dans le présent et qu'ils tentent de prévoir l'avenir et de se prémunir contre le mauvais sort. Or, dans ces sociétés* [surtout sans État social] *le futur est particulièrement incertain. Pour rendre compte de ces incertitudes, il importe de considérer, comme le faisaient les définitions de l'époque, l'aléa fondamental avec*

1. La Banque mondiale a défini un seuil de pauvreté absolu qu'elle fait évoluer à intervalles réguliers pour prendre en compte les évolutions économiques. Ce seuil est aujourd'hui fixé à 2,15 dollars par jour (en équivalent de parité de pouvoir d'achat). En Europe et en France, le seuil de pauvreté est calculé de manière relative, comme 60 % du revenu médian.

le risque duquel les classes populaires vivent au quotidien : ne plus pouvoir joindre les deux bouts[1]. »

Concrètement, cela signifie qu'il est impératif de rentrer dans la réalité des trajectoires des individus pour mieux comprendre les enjeux de précarité, de paupérisation ou de déclassement. Et l'accident ou l'épreuve de vie expliquent bien souvent la précarité.

En d'autres termes, l'assurance est un outil essentiel pour prévenir la pauvreté « accidentelle » et celle-ci doit faire l'objet d'autant d'attention que la pauvreté « systématique ».

C'est l'une des leçons d'un rapport de la Banque mondiale sur la pauvreté, *Moving Out of Poverty: Success from the Bottom Up*[2], mené à partir d'entretiens auprès de 60 000 personnes dans 15 pays qu'analyse notamment l'économiste et spécialiste de l'assurance inclusive, François-Xavier Albouy. Il rappelle notamment que « *dans les histoires individuelles, c'est toujours la vulnérabilité qui revient comme cause de pauvreté. Un accident, un incendie, une maladie, une disparition sont toujours les raisons qui expliquent que dans un contexte de pauvreté, on puisse tomber dans la misère, ou que dans un environnement développé, on tombe dans la pauvreté* [...] *si les conditions macroéconomiques apparaissent comme des causes de pauvreté, leur incidence est plus faible que celle des accidents individuels. Ainsi, pour* [seulement] *22 % des personnes interrogées dans l'étude de la Banque mondiale, la chute dans la pauvreté s'explique-t-elle par une crise locale ou nationale*[3]. »

C'est notre point de départ : la vulnérabilité est moins une *situation* que l'on pourrait définir par des seuils, ancrés, définis par des

1. Laurence Fontaine, *Vivre pauvre. Quelques enseignements tirés de l'Europe des Lumières*, Paris, Gallimard, 2022.

2. Sous la direction de Deepa Narayan, Lant Pritchett et Soumya Kapoor, et publié chez Palgrave Macmillan en 2009.

3. François-Xavier Albouy, « Réinventer le rôle de l'assurance : combattre la pauvreté et la vulnérabilité des citoyens », *Revue d'économie financière*, n° 118, juillet 2015.

chiffres, qu'un *risque* et l'assurance est un outil fondamental de lutte contre cette dimension de la paupérisation.

C'est de cette réalité fondamentale qu'il me semble indispensable de partir pour à la fois comprendre les enjeux et tracer des solutions dans des États où: 1) les systèmes de sécurité sociale restent ou deviennent (dans les pays matures) imparfaits ou inexistants (dans les pays émergents); 2) l'économie informelle domine en ce qui concerne les travailleurs à revenus moindres qui n'ont le plus souvent pas de contrat de travail formel (pays émergents); 3) l'inflation et la situation socio-économique d'une part grandissante de la population (pays matures) créent des niveaux de précarité et d'inégalités sociales qui ne cessent de grandir.

Nous avons alors construit, dans plus d'une douzaine de pays émergents, des services et des produits totalement nouveaux pour améliorer la couverture de ces clients. Nous protégeons aujourd'hui plus de 14 millions de clients grâce à quatre facteurs déterminants: proposer des produits 1) pertinents en se rendant proches du terrain et de la vie de tous les jours des personnes que l'on cherche à protéger; 2) abordables en innovant pour baisser les prix; 3) accessibles en créant de nouveaux circuits de distribution avec nos partenaires et, enfin, 4) aspirationnels[1], au sens marketing du terme. Cela peut paraître un détail, mais j'ai notamment toujours refusé de parler de micro-assurance, car personne, surtout les plus vulnérables, ne souhaite acheter des produits au rabais, ou avoir l'impression de faire l'objet d'une quelconque forme de charité. Nous préférons donc parler de «clients émergents».

Cela a récemment évolué et nous avons renommé notre activité, passant de *AXA Emerging Customers* à *AXA EssentiALL* afin de refléter la nature *essentielle* de l'activité, le fait que nous cherchons

---

1. Au sens littéral, le marketing aspirationnel aurait une approche stratégique visant à pousser un client vers un idéal (mode de vie, valeurs, etc.), à susciter chez lui le désir et l'envie, afin de favoriser la vente d'un produit ou d'un service.

à couvrir si ce n'est *TOUTES*, au moins le plus grand nombre de personnes possible étant donné notre ambition, et qu'il s'agit d'une activité qui se rattache à *l'essence* même de l'assurance, couvrant les besoins essentiels. Par ailleurs, et c'est très important, nous avons lancé l'activité en Europe où nous sommes en train d'évaluer les besoins des populations les plus modestes et de mettre en place des approches innovantes et plus inclusives pour elles. J'en parlerai plus tard, mais du point de vue de l'assurance il ne s'agit pas à proprement parler d'une « population émergente », car en Europe une partie très et plus large de la population est déjà couverte par des produits assurantiels, mais les classes plus modestes le sont souvent mal, et nous nous devons de proposer des solutions plus adaptées, plus accessibles et plus abordables.

Ainsi, en France et en Europe, plus généralement, et ce, depuis bien avant la crise inflationnaire, la crise du Covid, les manifestations des « gilets jaunes » – crises qui ont joué, à cet égard, un rôle de porte-voix –, non seulement 15 % de la population vivent en dessous du seuil de pauvreté tandis que 25 % des foyers que l'on peut appeler « modestes » risquent une forme de paupérisation. *Ne plus pouvoir joindre les deux bouts* est malheureusement aussi devenu une réalité partagée au quotidien par près de 40 % de la population européenne.

Il est impératif d'agir plus vite et plus fort. Nous sommes donc en train d'étendre notre activité à l'Europe. Ici, il ne s'agit pas de créer un nouveau marché, comme dans les pays du Sud où nous parlons à des clients qui n'ont, le plus souvent (85 %), jamais eu d'assurance, mais bien de devenir plus pertinents et utiles dans un marché existant où nous risquons de devenir de moins en moins accessibles au plus grand nombre.

Tout ceci nous demande d'innover au quotidien, car il ne s'agit pas d'adapter ou, pire encore, de rétrécir nos produits et nos *process,* mais de réinventer nos offres. Et cela exige, évidemment, de bousculer les manières de faire dans nos organisations.

Alors, pourquoi ce livre ?

La notion d'« inclusion » n'a pas de limite et elle est, en effet, au cœur de notre mission : celle, comme je l'évoquais plus haut, d'étendre la *frontière du commun* dans l'assurance en proposant des offres abordables, accessibles, pertinentes et aspirationnelles au plus grand nombre. Et cette mission ne peut se faire qu'au travers de partenariats et d'alliances avec d'autres organisations.

Avec nos partenaires de distribution, en premier lieu. Ces acteurs ne sont pas des spécialistes de l'assurance, ce sont des organisations – opérateurs de téléphonie mobile, institutions de microcrédit, opérateurs de transfert d'argent, postes, grandes entreprises aux chaînes de valeurs étendues – qui sont au contact quotidien des clients que nous cherchons à toucher. Ils sont la condition du succès de notre activité.

Mais partenariats ou alliances aussi avec des associations qui travaillent quotidiennement au plus proche des communautés que nous cherchons à couvrir. Avec des fondations qui soutiennent l'innovation pour l'inclusion financière. Avec le monde académique qui développe de la recherche pour mieux comprendre l'impact de la vulnérabilité sur les comportements et les modes de décision. Avec les sphères publiques, nationales ou multilatérales, avec lesquelles nous cherchons à construire des solutions innovantes de couverture universelle.

Un *Chief Impact Officer (CIO)* est aussi un *Chief Partnership officer (CPO)* et le dialogue est indispensable pour casser les silos, qui se creusent : 1) entre des organisations de diverses natures – ONG, secteur privé, fondations, institutions publiques ; 2) au sein des organisations entre différentes fonctions (distribution, finance, innovation) ; 3) entre des espaces distincts (physique, digital) ; 4) voire entre cultures – start-up, entreprises multinationales, administrations. Attention, ces partenariats ou alliances ne visent pas à *hybrider* tout cela, ni à faire de compromis fondés sur un dénominateur commun faible. Au contraire, chaque type d'organisation, de fonction, d'espace ou de culture a sa propre raison d'être, et nous cherchons, au travers de ces partenariats, à les faire interagir plus intelligemment et efficacement. Il y a presque une forme *d'art du partenariat,* du *réseau* même, au sens d'une posture et d'un état d'esprit qu'il s'agit d'apprendre à cultiver.

C'est l'importance de ces partenariats permettant de comprendre, d'influencer, de distribuer à la bonne échelle, d'avoir de l'impact, qui est à l'origine de cet ouvrage dont l'ambition est de créer un dialogue, pas encore assez courant mais indispensable, entre un leader de l'assurance comme AXA, d'une part, et des acteurs de l'impact, de l'inclusion, de l'autre, autour de cet enjeu de vulnérabilité.

Nous sommes, en effet, convaincus que le monde de l'assurance a une légitimité, une expertise et, de ce fait, une responsabilité en tant que gestionnaire de risques pour agir et contribuer à lutter contre la vulnérabilité. Mais il nous faut, à cette fin, travailler toujours plus étroitement avec d'autres pour cocréer des solutions pertinentes, impactantes et susceptibles de passer à l'échelle[1] afin de répondre à ces défis.

Travailler avec des experts pour mieux comprendre les comportements, les environnements ; travailler avec des entreprises pour trouver de nouvelles solutions afin de mieux protéger les individus ; et plus largement, créer des réseaux, des écosystèmes pour passer ces innovations à l'échelle.

L'ensemble du livre est construit autour d'échanges avec d'autres acteurs pour confronter une perspective « assurantielle » de gestion

1. Anglicisme pour le redimensionnement et la mise à l'échelle, il s'agit de la faculté d'adaptation (le plus souvent de croissance et d'expansion) qu'a un système, un produit ou service, à pouvoir changer de taille ou de volume selon les besoins du marché.

des risques avec des visions complémentaires et indispensables dans le but de réussir le pari de la résilience collective pour tous.

Avec un parti pris fort : évoquer dans le même mouvement à la fois les classes populaires dans les pays du Sud et celles dans les pays du Nord. Ce parti pris peut sembler artificiel, voire contre-productif, tant les différences sont nombreuses. Mais nous pensons qu'il est justement pertinent d'adopter une approche transverse du risque pour toutes les classes populaires, du Sud au Nord. Car ce sont bien ces risques que nous cherchons à comprendre, en même temps que la manière dont on peut en améliorer la gestion.

Nous avons divisé l'ouvrage en trois grandes parties : « Comprendre », « Innover », « Passer à l'échelle », avec des perspectives du Sud et du Nord.

Nous avons eu, d'abord, le plaisir de dialoguer avec l'économiste Jonathan Morduch, professeur à l'université de New York (NYU) et à l'origine de *Portfolios of the Poor*[1], livre qui a révolutionné la lutte contre la pauvreté dans les pays du Sud en montrant la gestion financière concrète des personnes vivant avec quelques dollars par jour. Dans cette même première section, l'entretien avec le sondeur, essayiste et analyste politique Jérôme Fourquet et Guillaume Borie, le directeur général d'AXA France, s'articule, quant à lui, autour de l'enjeu de la « démoyennisation[2] » de la société française.

Le deuxième chapitre est construit autour d'un dialogue avec deux entreprises particulièrement innovatrices en matière de contribution à la protection des acteurs de leur chaîne de valeur et leurs

1. Dary Collins, Jonathan Morduch, Stuart Rutheford et Orlanda Ruthven, *Portfolios of the Poor: How the World's Poor Live on $2 a Day*, Princeton, Princeton University Press, 2009. Voir la biographie de Jonathan Morduch pour plus de détails.

2. Par ce terme, on entend la thèse d'un affaiblissement, voire d'une disparition, des classes moyennes.

clients : Marie Degrand-Guillaud, directrice générale de Nickel, la banque fondée en 2014 – et rachetée par BNP Paribas en 2017 – qui propose des solutions d'inclusion financière très innovantes et Hakan Ateş, le CEO de DenizBank Financial Services, leader turc des solutions financières, pour les petits acteurs du monde agricole, notamment.

La dernière partie vise à identifier les leviers pour industrialiser les meilleures pratiques. Pour cela, nous avons échangé avec Shamina Singh, fondatrice et présidente du Mastercard Center for Inclusive Growth et Dr Sharif M. Farouk, président d'Egypt Post (La Poste égyptienne).

Les entretiens qui composent le livre ont été mené par David Ménascé, consultant spécialisé sur les enjeux d'inclusion et d'innovation sociale. L'ensemble des entretiens ont été menés pendant l'été 2023[1].

Nous espérons, à cet égard, que ce livre pourra être utile à tous les leaders, actuels ou futurs, de l'impact et de l'inclusion financière – secteur privé, entre/intrapreneurs sociaux et décideurs publics – qui souhaitent concrètement agir pour réduire la vulnérabilité des classes populaires dans le monde.

1. Les chiffres mentionnés par les différents interlocuteurs correspondent ainsi à la réalité du premier semestre 2023.

Focus sur l'assurance inclusive d'AXA : mieux protéger la majorité des personnes non assurées dans le monde

L'activité d'assurance inclusive d'AXA, AXA EssentiALL, vise à servir le marché croissant des personnes que les assureurs n'ont pas encore atteintes – principalement dans les marchés émergents –, ou auxquelles ils doivent mieux s'adapter – principalement dans les marchés matures. Autrement dit, la majorité de la population mondiale. Des milliards de personnes dans les marchés émergents n'ont, en effet, pas accès à l'assurance. Dans les marchés matures, elles y ont accès plus facilement, mais celle-ci n'est pas toujours bien adaptée, que ce soit en termes de distribution, de prix, ou de couverture. Alors que d'autres services financiers ont connu d'énormes transitions pour atteindre ce marché, les assureurs n'ont pas évolué aussi rapidement, continuant à vendre principalement aux moyennes et grandes entreprises et aux consommateurs à revenus plus élevés. Nous sommes convaincus que nous ne pourrons demeurer l'un des leaders mondiaux au XXIe siècle qu'en trouvant de nouvelles façons de servir le marché mondial des personnes à revenus modestes.

Lorsque nous avons commencé à déployer des efforts pour atteindre ces populations, d'abord dans les marchés émergents, nous avons rapidement réalisé que nombre de nos idées étaient tout simplement erronées car préconçues. Nous avons commencé par chercher à servir ceux qui se trouvaient au « bas de la pyramide », pensant que la classe moyenne – même moyenne inférieure – était largement couverte. La réalité, nous l'avons rapidement constatée, était plus nuancée. Non seulement l'assurance n'atteint pas les plus pauvres, mais dans les marchés émergents, elle pénètre à peine au-delà de la classe moyenne supérieure. Et tandis que les initiatives gouvernementales, philanthropiques ou relevant de la responsabilité sociale des entreprises s'adressaient au bas de la pyramide, des pans entiers de personnes à revenus faibles ou moyens restaient totalement dépourvus de protection.

Nous avons appris à connaître ces clients émergents : cols-bleus, enseignants, infirmières, ouvriers, micro-entrepreneurs ou TPE[1], petits commerçants, migrants récents dans les villes en expansion, petits exploitants agricoles. Opérant dans l'économie formelle ou informelle. Bancarisés ou non. Les personnes qui aspirent à rejoindre la classe moyenne sont le plus souvent actives, voire suractives, mais un problème de santé, un accident, un incendie, une inondation ou une perte soudaine de revenus peuvent facilement faire reculer toute une famille d'une génération ou plus dans ses efforts.

Cela ne veut pas dire qu'ils ne prennent pas de mesures pour gérer les risques. Au contraire, ils utilisent de multiples mécanismes informels de gestion des risques. Mais la plupart d'entre eux – qu'il s'agisse de prêts à taux d'intérêt élevés, de la vente d'actifs ou de la déscolarisation des enfants – ont un coût réel élevé. L'assurance offre une alternative puissante et moins coûteuse, aidant les familles à éviter les mécanismes d'adaptation les plus douloureux et à (re)tomber dans la pauvreté… La valeur sociale de l'offre d'outils d'assurance formelle était donc évidente, mais nous avons également saisi une opportunité commerciale. Ces populations disposent de revenus suffisants pour acheter des produits d'assurance pertinents et peu coûteux, et ont une conscience aiguë des risques auxquels elles sont confrontées. Le secteur a la capacité de concevoir

1. Désigne les « très petites entreprises » (moins de 10 salariés).

des produits et des services accessibles, adaptés et abordables. C'est le chemin entre les deux qui est difficile. Comme c'est le cas pour tout ce qui est axé sur l'inclusion (inclusion sanitaire, inclusion éducative, inclusion alimentaire, inclusion numérique, inclusion de genre), la difficulté la plus commune est la distribution. Les personnes que nous voulons protéger ne pensent pas spontanément à aller voir un courtier ou un agent d'assurances. Beaucoup d'entre elles ne savent pas ce qu'est une assurance et, si elles le savent, elles ne font pas confiance à ces mécanismes ou pensent qu'il n'y a rien de pertinent pour elles dans l'offre.

Nous avons dû reconnaître la nécessité d'un changement d'état d'esprit afin de faire face à nos faiblesses sur ces marchés et trouver un moyen différent d'atteindre ce segment. Nous devions travailler avec des partenaires qui avaient la confiance de ces clients et qui les atteignaient déjà à grande échelle. Et nous devions reconnaître que ces partenaires étaient aussi nos clients.

Notre stratégie de passage à l'échelle dépendait, et dépend toujours, de notre capacité à développer des partenariats selon une logique multi-marchés, qui vise à multiplier les programmes innovants et adaptés localement, souvent de taille moyenne ou même petite. Les marchés émergents sont, en effet, très fragmentés et nous avons compris que nous n'atteindrions pas l'échelle uniquement grâce à des « méga » partenariats, mais plutôt en mettant en place une multiplicité de partenariats nationaux ou régionaux bien conçus. Il est donc tout aussi important de comprendre nos partenaires que le client final, et nous avons passé beaucoup de temps à étudier les ambitions stratégiques de nos partenaires, leurs indicateurs clés de performance et leurs problèmes. Cela nous a permis de cocréer des produits avec eux pour les aider à réaliser leurs ambitions et à résoudre les risques les plus urgents auxquels sont confrontés leurs clients. Cela a nécessité de repenser presque tous les aspects de notre activité : de nouveaux modèles de tarification, des produits simplifiés, des conditions générales encore plus pédagogiques, de nouveaux processus d'intégration, des indemnisations encore plus rapides et des paiements de primes adaptés à leur mode de vie, ainsi que différentes technologies capables d'adresser des plus petites primes, à duration plus courte ainsi que de gros volumes. À tous égards, nous avons dû adapter l'assurance aux modèles commerciaux phygitaux[1], centrés sur le client, des canaux qui touchent le monde entier.

AXA EssentiALL[2] est aujourd'hui une activité rentable qui touche plus de 14 millions de clients dans 14 marchés émergents, s'étend dans 8 pays européens, avec des produits d'assurance simples, adaptés, accessibles et abordables. Les efforts comme les nôtres pour atteindre les clients émergents sont souvent qualifiés d'« inclusion financière », mais nous aimons considérer le problème dans l'autre sens: les consommateurs émergents représentent la majorité mondiale croissante, et ils restent à l'écart de nombreux secteurs, y compris celui des assureurs. C'est à nous de fournir les produits que les clients émergents souhaitent et qui les aident à réaliser leurs aspirations. Il ne faut surtout pas adopter une posture « bienveillante » voire paternaliste d'inclusion des personnes dans notre monde. Au contraire, c'est à nous de changer et de faire en sorte que les clients émergents s'intéressent à l'assurance et choisissent nos propositions.

Telle est la situation du monde émergent. Mais qu'en est-il du Nord? Il existe une autre idée reçue plus récente que nous sommes amenés à remettre en cause: celle selon laquelle les populations vulnérables, que ce soit en raison de la volatilité de leurs revenus

---

1. Contraction de « physique » et « digital », le terme « phygital » désigne le recours à une stratégie marketing combinant la vente dans des magasins physiques et en ligne.

2. AXA EssentiALL prend la suite d'AXA Emerging Customers, ancien nom de l'entité en charge de développer des offres d'assurance inclusive pour clients modestes.

ou de leurs professions – les deux étant souvent corrélées –, se trouveraient exclusivement dans les économies émergentes. Les conditions de travail précaires, les revenus instables et l'exclusion des services financiers, y compris l'assurance, sont prévalents ici en France aussi, comme ils le sont dans toute l'Europe, voire dans toutes les économies développées. Notre activité d'assurance inclusive élargit aujourd'hui son champ d'action et vise à faire entrer l'assurance dans la vie de ces populations en Europe, avec l'ambition de protéger les segments vulnérables de la classe moyenne modeste qui ne sont pas entièrement ou efficacement couverts par l'assurance. Les travailleurs indépendants, les micro-entrepreneurs, les micro-entreprises, les personnes dont la situation professionnelle n'est pas garantie (par exemple, les travailleurs à temps partiel), les travailleurs de « première ligne », les cols-bleus ou blancs à faibles revenus et situations fragiles, car ils souffrent d'instabilité, et bénéficient souvent d'une aide publique faible ou inexistante. Les jeunes, pour les accompagner dans leur développement. Les retraités, car ils représentent une part importante de la classe moyenne modeste, nombre d'entre eux étant tombés dans cette classe précisément parce qu'ils sont sortis du marché du travail. Notre activité d'assurance inclusive est en train de s'étendre et nous sommes en train de développer des produits plus adaptés, accessibles, abordables pour les segments plus vulnérables de la classe moyenne en Europe qui ne sont pas pleinement ou efficacement assurés.

I | COMPRENDRE

POUR MIEUX FAIRE FACE AUX RISQUES DES CLASSES POPULAIRES, DU NORD AU SUD

Nous évoquons dans ce livre des segments de population à la fois extrêmement larges et profondément différents. Mais comme évoqué plus haut, nous avons choisi d'analyser des tendances transverses pour mettre en lumière les similarités qui nous semblent déterminantes.

Une première dimension commune est celle d'être une classe *intermédiaire :* il s'agit, dans les pays du Sud, des personnes que l'on appelle les classes « flottantes », ou « émergentes » : celles qui vivent entre 3 et 30 dollars par jour, s'il faut donner un ordre de grandeur. Cela représente 3,5 à 4 milliards de personnes. Nous parlerons peu ici des populations les plus pauvres, notamment les populations rurales vivant avec moins de 3 dollars par jour (on rappellera que la petite agriculture familiale reste le principal employeur au monde et regroupe la grande majorité des personnes les plus pauvres).

Cette classe flottante est davantage urbaine, ou semi-« rurbaine[1] », plus jeune, plus active. C'est celle qui a connu une

1. La rurbanisation est un phénomène d'urbanisation lâche des campagnes à proximité des villes dont elles deviennent des banlieues.

révolution inédite ces quarante dernières années – celle d'une hausse de ses conditions de vie.

Dans les pays de l'OCDE[1], de manière quelque peu parallèle, nous nous intéressons moins aux populations vivant sous le seuil de pauvreté qu'à ceux que l'on peut appeler les « classes moyennes inférieures », ou encore les « classes populaires ». Celles qui vivent avec 60-90 % du revenu médian.

Cette situation intermédiaire peut se résumer par la formule de Jérôme Fourquet : « *trop riche pour être aidé, trop pauvre pour s'en sortir convenablement* ». Elle est très proche de celle que nous utilisons chez AXA pour parler des pays du Sud Global[2] : « *Too rich to be poor / Too poor to be rich.* » Que ce soit dans le Sud ou dans le Nord.

En d'autres termes, la situation de ces classes intermédiaires est celle d'un certain vide : les populations pauvres sont de plus en plus couvertes par des mécanismes de protection publique dont ne bénéficient pas les classes intermédiaires. Dans le même temps, les solutions de marché sont mal adaptées pour ces populations. Trop pauvres pour être servies par le marché, trop riches pour être couvertes pour la protection publique.

On peut également faire converger les 4 différentes dimensions de vulnérabilité que distingue Jonathan Morduch concernant les pays du Sud mais qui s'avèrent également pertinentes pour les pays du Nord :

• L'*instabilité* : c'est-à-dire véritablement l'exposition aux risques et à l'aléa ;

---

1. Organisation de coopération et de développement économiques. Ses membres – des pays développés, pour la plupart – ont en commun un système de gouvernement démocratique et une économie de marché.

2. Notion géopolitique, désignant autrefois les pays dits du tiers monde, regroupant une variété d'États ayant peu de points communs, si ce n'est qu'ils refusent de s'aligner sur l'un ou l'autre des puissants de l'Occident (Nord global), réclamant un ordre international plus multipolaire et moins unidirectionnel.

• L'*illiquidité*: le fait de ne pas pouvoir facilement mobiliser des fonds pour gérer une grande épreuve de la vie ou, et c'est un point qui les différencie beaucoup des populations plus riches, un imprévu du quotidien;

• L'*irrégularité* et l'*imprévisibilité*: le fait de ne pas disposer de revenus fixes et de ne pas pouvoir prévoir facilement les flux financiers futurs;

• Enfin, l'*insuffisance*: le fait de ne pas avoir tout simplement assez pour vivre.

Mieux identifier les aléas et les incertitudes qui pèsent sur la vie des plus vulnérables permet, dans le même temps, de mieux comprendre les « stratégies de survie » des personnes, c'est-à-dire les façons dont elles cherchent constamment à se prémunir contre les aléas du quotidien et les épreuves de la vie. Chacun déploie, en effet, des stratégies de débrouille, de gestion informelle du risque. C'est la multiplication des activités génératrices de revenus (AGR) pour éviter de mettre tous ses œufs dans le même panier – ce sont les gens qui comptent deux à trois emplois informels en Asie et les gens qui multiplient des petits à-côtés en France, depuis l'auto-entrepreneuriat jusqu'aux petits services au noir. C'est aussi l'investissement dans les réseaux sociaux au sens de la solidarité, l'importance des solidarités locales et familiales – et, de ce fait, celle de la réputation – et enfin, bien sûr, le crédit comme solution de recours. Mais ces stratégies de débrouille ne suffisent souvent pas, ou plus. D'où l'importance d'améliorer les mécanismes de protection formelle et efficace. Pour ces populations, l'assurance se révèle un bien essentiel, celui qui permet, au quotidien, d'espérer justement continuer à *joindre les deux bouts,* même en cas de problème.

Ce rapport structurel d'incertitude à l'avenir, de peur des imprévus, des aléas, des petites et grandes épreuves est ce qui nous semble un trait commun et fondamental de tous ceux qui, au Nord comme au Sud, sont vulnérables, bien au-delà des simples seuils de revenus.

Il nous apparaît également primordial de prendre en compte la singularité « sociétale » de la vulnérabilité, par définition davantage liée à la situation de chaque pays. En France, par exemple, et c'est vrai pour la plupart des pays européens, Jérôme Fourquet souligne deux critères de survulnérabilité : la monoparentalité et le statut d'aidant. Dans les marchés émergents, l'absence de contrat de travail formel est évidemment déterminante. Les enjeux de genre sont aussi essentiels à prendre en compte dans toutes les géographies.

Il faut néanmoins introduire une différence significative dans la situation des classes moyennes au Nord et au Sud. Leur rapport quasi opposé à *l'espoir*, à l'aspiration et à la confiance dans l'avenir.

En France, le phénomène est celui d'un sentiment de paupérisation. Ce que Jérôme Fourquet appelle une *démoyennisation relative*. Une analyse des revenus montre ainsi que la situation s'est, certes, améliorée, mais ce n'est pas pour autant que ces populations accèdent au panier de biens et services considéré comme minimal pour appartenir à la classe moyenne. Tout se passe comme si la démoyennisation créait un fort effet de sablier pour la société avec un sentiment croissant d'insécurité pour ces classes moyennes vulnérables.

La vulnérabilité ne concerne donc pas seulement les personnes vivant sous le seuil de pauvreté mais un pan bien plus large de la population française – et européenne, d'ailleurs – qui vit au-dessus des seuils de pauvreté mais qui craint que l'avenir soit plus sombre que le présent. Pour le dire simplement, ils partagent souvent l'idée que la vie de leurs enfants sera plus difficile que la leur ou de celle de leurs parents.

Au Sud, la position relative est bien souvent à l'avantage de cette classe flottante, car elle a, au contraire, émergé et s'en sort bien mieux que les populations les plus pauvres. De nombreuses sociétés des pays émergents sont dans une phase de « moyennisation ». Elles vivent un moment où se forme une grande classe moyenne. Il reste, bien sûr, une part significative de la population qui demeure pauvre, mais des centaines de millions de personnes sont sorties de la pauvreté depuis une vingtaine d'années pour entrer dans la classe moyenne qui est, d'une certaine manière, au-delà des critères financiers, caractérisée avant tout par la croyance dans un avenir meilleur pour soi-même et ses enfants. « *Demain sera mieux qu'hier et qu'aujourd'hui* », voilà la formule sociologique de la classe moyenne dans les pays émergents. Si l'on devait décrire les clients émergents en un seul trait : on pourrait simplement dire que ce sont les aspirants, les personnes en transition économique et sociale vers une vie meilleure.

IMPRÉVISIBILITÉ, RISQUES ET INCERTITUDE POUR LES CLASSES POPULAIRES : QUELLES ÉVOLUTIONS DU SUD AU NORD ?

Entretien avec Jonathan Morduch et Garance Wattez-Richard, facilité par David Ménascé

Jonathan Morduch est professeur de politique publique et d'économie à la Wagner Graduate School of Public Service de l'université de New York (NYU). Ses recherches portent sur la finance, la pauvreté et les inégalités. Il est l'un des fondateurs et le directeur exécutif de la NYU Financial Access Initiative.

M. Morduch a également enseigné à la faculté d'économie de Harvard et a été professeur invité à Stanford, à Princeton, à l'université Hitotsubashi et à l'université de Tokyo. Il est diplômé de l'université Brown, mais aussi titulaire d'un doctorat en économie à Harvard et d'un doctorat honorifique de l'Université libre de Bruxelles (ULB), qu'il a obtenu pour ses travaux sur la microfinance. Il est l'auteur, avec Rachel Schneider, de *The Financial Diaries: How American Families Cope in a World of Uncertainty* (Princeton University Press, 2017 ; *https://financialdiaries.org*) et a coécrit avec Beatriz Amerndáriz *The Economics of Microfinance* (The MIT Press, 2007). Il est l'un des quatre auteurs de *Portfolios of the Poor: How the World's Poor Live on $2 a Day* (Princeton University Press , 2009).

Portfolios of the Poor cherche à répondre à la question fondamentale – et très peu étudiée jusque-là – de la manière dont les personnes pauvres s'organisent pour réussir à joindre les deux bouts. C'est le premier ouvrage à expliquer de manière systémique les stratégies qu'elles mettent en place pour tenter de surpasser leurs difficultés financières, jour après jour.

Jonathan Morduch et ses coauteurs ont interrogé plus de 250 familles au Bangladesh, en Inde et en Afrique du Sud dans le cadre de cette étude sans précédent. Ces ménages ont été interrogés toutes les deux semaines pendant un an, et ont ainsi rendu compte de l'ensemble des transactions financières, formelles ou non, qu'ils réalisent au quotidien. Cet ouvrage le prouve : les personnes pauvres ont souvent une vie financière étonnamment sophistiquée. Elles épargnent et empruntent en pensant à l'avenir et créent des « portefeuilles financiers » complexes composés d'outils formels et informels.

Cette étude a ainsi permis de construire de nouvelles méthodes de lutte contre la pauvreté et ouvre de nouvelles perspectives pour imaginer la future génération de banques pour le « milliard d'en bas ».

David Ménascé : *AXA EssentiALL, l'activité d'assurance inclusive du Groupe AXA, vise à protéger les classes que vous qualifiez souvent de « flottantes », en tout cas quand il s'agit des marchés émergents ? Comment les définiriez-vous ? A quel revenu cela correspond-il ? Et de combien de personnes parle-t-on ?*

Garance Wattez-Richard : AXA EssentiALL, l'activité d'assurance inclusive de notre Groupe, vise à protéger les classes que nous qualifions souvent de « flottantes », en tout cas, quand il s'agit des marchés émergents ? Pour savoir de quoi on parle exactement, une première démarche consiste, bien sûr, à définir ces catégories de clients en utilisant une approche fondée sur le revenu. C'est souvent cette définition-là qui sert de point de départ. Nous cherchons, à ce titre, à comprendre la situation, les risques, et donc à définir les produits et services potentiels que nous pouvons offrir aux personnes vivant avec entre 3 et 20 dollars par jour, voire 30 dollars par jour dans certains marchés. Cette fourchette de revenus permet d'englober la classe moyenne qui progresse. Je précise que nous parlons des marchés émergents, parce que la situation est très différente dans les marchés plus matures, où l'on observe un déclassement relatif d'une partie de la classe moyenne traditionnelle, et où ce ne sont pas évidemment les mêmes niveaux absolus de revenus dont il s'agit.

Mais si cette catégorisation fondée sur le revenu financier est utile, elle est loin d'être suffisante. Les populations dont il est question ne sont, en effet, souvent pas encore solidement ancrées (dans leur situation socio-économique), en grande partie parce qu'elles ne sont pas formellement incluses dans les écosystèmes financiers, numériques, de santé, ou encore d'éducation. Elles risquent donc, de manière quasi quotidienne, de basculer à nouveau dans la pauvreté. Je dirais ainsi qu'il est plus pertinent de les considérer comme « flottantes » – bien que ce ne soit pas un terme que j'aime – ou comme « non ancrées » du point de vue du revenu, car ce qui les caractérise également, c'est qu'elles ne sont pas couvertes ou protégées par des mécanismes formels.

Le terme « flottant » est aussi pertinent dans le sens où le moindre accident (une maladie, une inondation, un incendie…) risque de les renvoyer – une nouvelle fois – dans la pauvreté et la précarité. Cela peut être difficile à appréhender et paraître exagéré, cela ne l'est pas.

Comme je le dis souvent, on parle de personnes qui sont « trop riches pour être pauvres et trop pauvres pour être riches ». C'est vraiment la meilleure manière de les caractériser en une phrase, et c'est important de toujours le préciser parce que, fréquemment, quand on n'a pas pris la peine de préciser de manière systématique en début de discussion, quelle qu'elle soit, *QUI* on cherche à mieux protéger, on se rend compte à la fin de cette même discussion que la compréhension manque parmi les « discutants ». C'est étonnant, mais une leçon que j'ai apprise *« the hard way »*, comme on dit. « Trop riches » parce qu'elles ne sont pas (ou mal) couvertes par les filets de sécurité publics nationaux existants et « trop pauvres » pour avoir accès aux services proposés par le secteur privé.

L'un de nos objectifs est donc de contribuer à les ancrer. Dans ce but, il faut tout faire pour mieux comprendre leurs vies, leurs décisions, leurs défis, et donc nécessairement aller au-delà du simple revenu pour les caractériser ou les « segmenter ». Il faut aussi décrire cette population en fonction de son activité et des risques auxquels elle fait face au quotidien. Il s'agit d'indépendants, de micro-entrepreneurs, de travailleurs informels, de commerçants, de petits fermiers, de vendeurs de rue. Ils appartiennent souvent à l'économie informelle – c'est-à-dire sans contrat de travail –, mais nous cherchons également à couvrir les cols-bleus ou blancs « employés » à faibles revenus – par exemple, les ouvriers d'usine, ceux du bâtiment, les enseignants –, ou même les personnels des hôpitaux publics – les infirmières mais aussi les médecins. Tous ces travailleurs ne sont pas (ou trop peu, ou mal) couverts par les mécanismes de protection formels.

Une autre erreur consiste à envisager ce segment comme s'il était un marché homogène dans l'ensemble des pays émergents. Se concentrer sur les grands chiffres revient à se focaliser sur l'arbre qui cache la forêt. Nous parlons, en effet, de 3,5 à 4 milliards de personnes, soit environ 70 % du monde émergent. La réalité que nous vivons depuis le début de notre aventure est différente et bien plus complexe : il ne s'agit pas d'un seul immense marché, où des produits d'assurance existeraient et dans lequel il nous suffirait d'entrer de manière, somme toute, « classique » pour présenter des produits avec une meilleure proposition de valeur. Il s'agit d'une multitude de marchés locaux, chacun devant être construit segment par segment, région par région. Il faut du temps pour transformer un besoin en demande, c'est-à-dire pour créer une prise de conscience, élaborer des produits adaptés et trouver des partenaires de distribution pertinents.

***D. M. :** Jonathan Morduch, vous êtes l'un des quatre auteurs d'un ouvrage qui est devenu une référence, Portfolios of the Poor*[1]*, et vous avez beaucoup travaillé pour mieux comprendre la situation des populations les plus vulnérables, vivant avec moins de 2 dollars par jour. Aujourd'hui, on parle plus largement de vulnérabilité et nous venons de faire référence à des niveaux de revenus un peu plus élevés. Pourriez-vous nous aider à mieux définir les termes, et peut-être à distinguer différentes catégories de personnes vulnérables ?*

Jonathan Morduch : Permettez-moi de revenir un instant en arrière. L'objectif de *Portfolios of the Poor* était de comprendre la vie financière et les choix des personnes vivant avec moins de 1 ou 2 dollars par jour, ce qui équivaut à peu près au seuil de pauvreté actuel de la Banque mondiale, qui est de 2,15 dollars par jour et par personne en dollars internationaux. Stuart Rutherford a dirigé les recherches au Bangladesh, Daryl Collins, en Afrique du Sud et Orlanda Ruthven, en Inde. Je suis resté en marge du projet jusqu'à ce que vienne le moment de la rédaction.

Jusqu'à la fin des années 2000, la pauvreté était presque exclusivement considérée comme une *insuffisance,* comme si on visualisait un récipient vide, avec donc comme problème un besoin écrasant de ressources supplémentaires. Elle était analysée comme un manque d'argent, en général, et les seules vraies solutions consistaient donc à augmenter les revenus.

1. Voir note n° 9.

Nos recherches ont montré que la pauvreté est beaucoup plus complexe que cela et nous avons mis en évidence la manière dont les pauvres luttent aussi contre l'illiquidité, contre le risque et contre la vulnérabilité. L'insuffisance n'est finalement qu'un des défis à relever.

L'une des nouvelles perspectives que notre recherche a mises en lumière est, paradoxalement, l'existence de points communs avec des segments ayant un pouvoir d'achat plus élevé, ceux que vous décriviez plus haut. Notre livre a montré qu'à bien des égards, les ménages pauvres ont des difficultés similaires à celles de nombreux ménages moins pauvres. Le livre fait entrer les ménages pauvres dans la conversation sur laquelle vous vous concentriez et qui, le plus souvent, ne concernait jusque-là que les personnes plus riches.

Notre nouveau projet de recherche au sein de l'université de New York – *Small Firm Diaries in Indonesia, Colombia, Uganda, Ethiopia, Kenya, Nigeria, and Fiji* – se focalise désormais explicitement sur un groupe plus proche de celui que vous décriviez, et cette fois, la caractérisation au-delà du revenu est structurante puisqu'il s'agit de propriétaires de petites entreprises et leurs luttes. Et ils peuvent, en effet, être décrits comme exclus financièrement, au moins du point de vue de l'assurance puisqu'ils n'en ont pas. Mais ce n'est pas aussi tranché que cela.

Ainsi, ce que nous avons constaté, c'est qu'ils sont souvent trop petits pour être complètement formalisés, mais qu'ils le sont néanmoins souvent partiellement. L'idée binaire selon laquelle on serait forcément « dedans » ou « dehors », « formel » ou « informel », ne correspond pas à ce que nous observons. Par exemple, les entreprises peuvent payer des impôts, mais ne pas disposer de toutes les licences dont elles auraient besoin – ou l'inverse. Elles entrent et sortent. Elles sont confrontées à de nombreux risques. Elles recherchent la stabilité autant qu'à aller de l'avant.

Ces considérations doivent nous aider à repenser ce que nous entendons par « vulnérabilité » et la manière dont nous la mesurons.

Si l'on regarde précisément le revenu d'un ménage tout au long de l'année, ou sa consommation, on constate ainsi qu'à certains moments, de nombreux ménages pauvres ou modestes sont, en réalité, beaucoup plus pauvres que ce que l'on pourrait penser si on ne se fondait que sur une moyenne.

Lorsque l'on construit un produit pour ces populations, il faut donc prendre en compte les variations de revenus de ces ménages au fil du temps. Ils ont plus de liquidités – et de flexibilité – à certains moments de l'année, et peuvent alors acquérir plus facilement ce dont ils ont besoin ou envie. Mais à d'autres moments, c'est beaucoup plus difficile. Une étude a été menée au Kenya, par exemple, sur un produit d'assurance. Lorsque le produit était vendu pendant la basse saison, le taux d'acceptation n'était que de 5 %. Une fois le produit remanié pour que les paiements soient effectués pendant la haute saison, il a atteint environ 60 %. Ce n'est pas un détail, c'est déterminant.

Avoir conscience de ces variations, de ces moments de liquidité et d'illiquidité, nous permet non seulement de mieux comprendre le comportement des ménages, mais aussi d'envisager l'innovation autrement. C'est notamment très pertinent pour concevoir de nouveaux produits, adaptés et abordables.

D. M. : *Plus précisément, comment situer ces concepts – liquidité, prévisibilité, risques de vulnérabilité – les uns par rapport aux autres ? L'économiste Esther Duflo parle de « gestionnaires de hedge fund aux pieds nus*[1] *» pour décrire la sophistication des processus de prises de décisions et des stratégies informelles de gestion des risques ou d'adaptation des personnes vulnérables. Seriez-vous d'accord avec cette affirmation ?*

J. M. : Comme je l'expliquais précédemment, lorsque nous évoquons les inégalités, la pauvreté, nous pensons avant tout à

1. *« Barefoot Hedge Fund managers ».*

« l'insuffisance », c'est-à-dire au fait de ne pas avoir assez. Nous lions cette notion à l'insolvabilité : vous n'avez tout simplement pas les ressources nécessaires pour faire ce que vous devez faire. Mais cela ne correspond pas toujours à la réalité des ménages, car il existe un autre concept, celui d'« instabilité », une notion qui est largement interchangeable avec le risque, et qui décrit l'exposition aux aléas environnementaux et systémiques. Il y a, ensuite, un autre élément qui est lié à l'assurance et à l'inclusion financière, c'est l'« illiquidité », c'est-à-dire le fait qu'il est difficile de convertir une ressource en *cash*. Le bien-être des ménages est déterminé en fonction de ces trois facteurs : l'insuffisance, l'instabilité et l'illiquidité.

Il est important de les distinguer. Prenons un exemple. Si vous pensez à un fonds spéculatif, les gestionnaires sont en mesure de gérer beaucoup d'instabilité, mais ils ont aussi beaucoup d'instruments pour y faire face. Pour eux, l'illiquidité n'est généralement pas un problème contraignant non plus, puisqu'ils ont accès à des outils financiers sophistiqués.

La grande injustice de notre monde réside dans le fait que les personnes exposées à de nombreux risques ne disposent pas des outils nécessaires pour y faire face. Ils sont confrontés à une combinaison d'insuffisance, d'instabilité et d'illiquidité. C'est pourquoi l'innovation que vous évoquez est si importante.

D. M. : *Concrètement, comment prenez-vous en compte ces aléas et la difficulté de les prévoir ?*

G. W.-R. : C'est en effet une question centrale. Si je peux me permettre ce parallèle, la situation des personnes vulnérables ressemble au jeu de l'oie. Je dis ceci sans légèreté, elles passent leur vie à avancer de deux pas, reculer de trois ou d'un seul. Pour des raisons parfois prévisibles, parfois pas. Parfois justes, parfois injustes. En un rien de temps, elles peuvent tomber, et devoir revenir à la case départ. C'est pour cela que je dis qu'elles ont besoin d'être ancrées, et de pouvoir compter sur un filet de sécurité. Bien sûr, ce n'est pas simple.

Créer cet ancrage, c'est permettre à un ménage, à une personne, à une PME, à un micro-entrepreneur, de gérer ces hauts et ces bas. C'est pourquoi j'aime beaucoup ce que disent Jonathan Morduch et l'historienne Laurence Fontaine : la vulnérabilité n'est pas une situation mais un risque.

Bien sûr, cette capacité à gérer ces hauts et ces bas est difficile à prévoir, car il ne s'agit pas seulement d'argent, mais aussi de tous les types d'actifs que les personnes peuvent mobiliser. Y compris les actifs financiers, physiques, humains et sociaux. Par exemple, les personnes nouvellement arrivées dans une zone urbaine et qui n'ont pas encore de réseau social – relationnel je veux dire, physique, je ne parle pas d'Instagram ! – seront plus vulnérables que celles qui sont restées dans leur communauté rurale – et ce, même si elles disposent d'un peu d'argent. Pourquoi ? Parce que ceux qui sont restés peuvent compter sur leurs voisins et leur communauté pour les aider en cas de difficulté.

Notre mission consiste précisément à identifier le rôle central que joue le risque dans la vie des gens, afin de leur apporter des solutions efficaces. Notre tâche n'est pas de remplacer les stratégies d'adaptation ou les mécanismes informels de gestion des risques qui fonctionnent, mais plus modestement d'aider les gens à les optimiser, à les compléter ou à en combler les lacunes.

La première étape est donc d'établir une distinction entre les stratégies de gestion du risque qui fonctionnent bien et les autres. Certaines sont dysfonctionnelles et, malheureusement, certains comportements peuvent même amplifier le risque. Par exemple, de nombreuses personnes en Afrique subsaharienne croient aux herbes et à d'autres méthodes traditionnelles pour soigner l'ensemble des problèmes de santé. Elles se font conseiller par le pharmacien du coin, qui leur vend trop souvent des médicaments inutiles, pire encore, néfastes pour leurs conditions. Le résultat est catastrophique. Non seulement elles dépensent inutilement de l'argent – plutôt que de l'utiliser pour des consultations médicales –, mais en plus, elles reportent le recours aux soins modernes et se retrouvent à l'hôpital lorsqu'il est déjà trop tard. Dans cet exemple, c'est clair : leur comportement aggrave directement le risque pour leur santé.

Certaines stratégies d'adaptation sont également très coûteuses. Il est difficile de donner des chiffres précis, mais certains parlent d'un facteur de 10 en termes d'ordre de grandeur. Autrement dit, il est dix fois plus coûteux de gérer soi-même ses risques de manière informelle plutôt que d'avoir recours à une solution de gestion des risques appropriée – comme prendre une assurance.

Si on poursuit avec l'exemple de la santé, les stratégies informelles sont particulièrement coûteuses – en plus de faire prendre des risques. Des soins de santé de mauvaise qualité, avec des diagnostics erronés, des orientations incorrectes et de mauvais conseils médicaux, entraînent des coûts beaucoup plus élevés, car il faut consulter plusieurs personnes avant d'obtenir un diagnostic correct, et souvent essayer plusieurs médicaments ou traitements. En l'absence d'un diagnostic et d'un traitement adaptés, les problèmes de santé s'aggravent et les coûts d'hospitalisation ou de traitement sont ensuite rédhibitoires pour les familles des patients.

Lorsque les stratégies informelles fonctionnent – la solidarité pour faire face à un décès, par exemple –, il faut qu'elles perdurent. Ce sont les autres qu'il faut contribuer à remplacer / améliorer, et c'est cet équilibre que nous recherchons, en permanence.

D. M. : *Comment voyez-vous cette articulation entre les stratégies d'adaptation existantes et les nouvelles solutions ?*

J. M. : Le titre de notre livre *(Portfolios of the Poor)* portait précisément sur l'idée que vous avez exprimée : les gens ont un portefeuille d'options, et les nouvelles interventions ainsi que les nouveaux produits doivent être considérés comme des éléments qui viennent s'ajouter à ce portefeuille. Ils ne remplacent pas nécessairement d'autres options, mais deviennent des instruments supplémentaires dans cette boîte à outils. Pour comprendre l'impact d'une nouvelle intervention sur la vie des gens, il faut analyser le contexte. Si vous ne considérez pas le portefeuille, vous ne pouvez même pas commencer à avoir une conversation.

L'absence de solutions formelles de gestion du risque entraîne un fort coût. L'énergie qu'il faut déployer et, surtout, le surcoût financier que cela peut avoir dépassent, en général, largement celui des solutions formelles. Si vous êtes confronté à l'instabilité et à l'illiquidité, vous devez être très actif dans vos stratégies informelles de gestion des risques. Vous y réfléchissez probablement en permanence, en essayant de trouver de meilleures options et de créer des mécanismes différents. Mais cela ne veut pas dire que vous serez particulièrement sophistiqué ou efficace. Forcément, il y a des limites au degré de sophistication que l'on peut apporter avec des outils limités.

Ce que les gens font de manière spontanée, c'est essayer de résoudre des problèmes difficiles pour lesquels le marché n'a pas fourni de solutions. Mais seul un produit d'assurance formel – qu'il soit fourni par le gouvernement ou le secteur privé – peut répondre à des défis tels que les maladies chroniques ou les chocs à grande échelle qui frappent une vaste région.

On retrouve d'autres traits communs de comportement, en particulier le rapport spécifique à l'autodiscipline. L'économie comportementale nous a appris que les gens épargnent souvent plus facilement lorsqu'ils disposent d'un produit qui les incite à être disciplinés. Ils préfèrent ainsi s'engager dans un plan d'épargne pour *se lier les mains* et s'obliger à épargner. Dans le même temps, cette règle ne saurait être trop stricte : faire constamment face à l'instabilité et à l'illiquidité exige de pouvoir être flexible.

Ce paradoxe, c'est vraiment le défi auquel beaucoup de gens sont confrontés. Souvent, nous constatons qu'ils prennent des produits standards, les utilisent et les combinent de façon nouvelle afin d'obtenir un équilibre entre discipline et flexibilité.

Et je ne parle pas seulement des pays émergents. Par exemple, dans le Mississippi, aux États-Unis, nous avons passé du temps avec une femme dont les revenus fluctuaient fortement au cours de l'année. Elle savait qu'elle devait épargner, mais elle avait des problèmes d'autodiscipline. Elle a donc ouvert un compte bancaire classique, mais dans une banque située à une heure de chez elle. Et lorsqu'on lui a envoyé ses cartes bancaires, elle les a immédiatement détruites. Son raisonnement était de se dire qu'elle pouvait épargner plus facilement lorsque l'argent était hors de portée immédiate, mais que son épargne devait quand même être suffisamment proche pour qu'elle puisse se rendre à la banque afin de retirer de l'argent lorsqu'elle en avait vraiment besoin.

Aujourd'hui, le marché financier ne propose pas de produits financiers offrant ce type de fonctionnalité. L'équilibre est difficile à trouver, et chaque personne doit concilier discipline et flexibilité à des degrés différents. La numérisation peut peut-être offrir des solutions sur mesure. Je vais vous donner un autre exemple. Pensez au produit de microcrédit standard de la Grameen Bank[1] : il doit être remboursé par tranches égales chaque semaine et impose un cadre strict aux ménages emprunteurs. Ils apprécient, d'ailleurs, la rigueur qui leur est demandée, mais il peut leur arriver de ne pas pouvoir payer à certains moments. Ils peuvent alors emprunter de manière informelle pour s'adapter aux hauts et aux bas de leur situation. Les deux mécanismes combinés (le prêt structuré de la Grameen Bank et les prêts informels flexibles) offrent un équilibre

1. Créée en 1983 par Muhammad Yunus, cette banque pionnière est spécialisée dans le microcrédit. Détenue par des emprunteurs pauvres (à 97 %) et le gouvernement du Bangladesh (3 %), elle a reçu, avec son fondateur, le prix Nobel de la paix en 2006 pour l'avancement des opportunités économiques et sociales qu'elle a permis pour les pauvres et, en particulier, pour les femmes.

entre discipline et flexibilité. C'est un défi permanent pour la conception de produits et, jusqu'à présent, les clients créent leurs propres solutions.

G. W.-R. : Chez AXA aussi, nous avons, bien sûr, rencontré ces défis sur le terrain. Par exemple, nous avions conçu en Indonésie un produit d'assurance-vie très liquide, car le besoin de liquidité était très souvent exprimé. Nous l'avons ensuite proposé en Afrique, mais il n'y a eu aucun engouement. Pourquoi ? Parce que, dans certains contextes sociaux ou culturels, une offre très liquide conduit à mettre les personnes dans des positions difficiles. En l'occurrence, les clients étaient obligés d'accepter de prêter de l'argent lorsque leurs parents ou amis venaient les voir, le plus souvent le jour de la paie, pour leur en emprunter. Ils ne pouvaient pas dire « C'est l'assureur qui m'en empêche » – justement parce que notre produit était, en fait, très liquide. Trop liquide. Cela illustre ce que je disais sur le besoin de personnaliser très précisément notre offre, et d'aller regarder au-delà des indicateurs globaux.

J. M. : C'est crucial, car cela montre que nous devons réfléchir à des stratégies de gestion des risques à la fois en termes de portefeuille d'options pour les individus, et en termes de bien-être des communautés dans lesquelles ils vivent.

Par exemple, en Afrique de l'Est, les clients d'un système d'épargne ont reçu un petit coffre dans lequel ils pouvaient mettre leurs économies, mais ils en avaient la clé, et donc pouvaient retirer l'argent du coffre quand ils le voulaient. Une fois que l'argent était dans la boîte, il était considéré très différemment. Le fait d'y placer leur argent a permis aux épargnants de dire *« non »* aux personnes qui venaient leur demander de l'aide. Ils pouvaient dire *« En fait, je n'ai pas cet argent »* sans avoir l'impression de mentir, même s'ils pouvaient facilement retirer l'argent du coffre s'ils le voulaient.

Le coffre-fort a permis à la fois un cadre et une certaine flexibilité, mais a affaibli le système traditionnel de partage des risques. Cela soulève une question délicate : d'un côté, c'est une bonne chose que les gens puissent épargner davantage à titre individuel ; mais de l'autre, les autres membres de la communauté ont également besoin de soutien, et l'épargne individuelle risque de se faire au détriment des contributions à l'assurance informelle locale entre parents et voisins. Les succès individuels peuvent alors se traduire par des pertes pour les communautés, et vice versa. Il existe un monde possible dans lequel chacun épargne de son côté et où l'assurance informelle n'est pas nécessaire, mais le chemin pour y arriver peut générer des inégalités.

D. M. : *Voyez-vous d'autres enseignements clés de l'économie comportementale ?*

J. M. : On peut aussi évoquer le besoin de lisser les revenus sur l'année, tout en faisant face aux dépenses importantes. La femme dont je parlais, par exemple, avait besoin d'égaliser ses revenus, afin d'épargner ceux de l'été et pouvoir en disposer l'hiver. Les économistes pensent souvent en termes de « lissage » pour parler du risque et de l'assurance : chacun souhaite obtenir un « lissage » face aux chocs. Mais en même temps, au cours de l'année, nous pouvons avoir besoin d'importantes sommes d'argent à un moment donné : funérailles, transactions commerciales importantes, migration, réparation du toit de la maison, etc.

La complexité de la situation réside dans ces objectifs contradictoires : d'une part, le désir et le besoin d'épargner pour lisser les dépenses dans le temps et, d'autre part, la nécessité de constituer des réserves pour faire face à des dépenses ponctuelles importantes. Quand on est plus riche, on a plus de marge de manœuvre, plus de ressources, et on peut traiter ces deux besoins en parallèle. Mais quand on est plus vulnérable, on doit constamment faire des arbitrages.

G. W.-R. : Nous n'avons pas encore beaucoup parlé de prévention. Je pense que c'est essentiel. Il y a une entreprise très innovante, ClinicPesa, qui opère en Ouganda et qui a gagné le Resilience Award de la Fondation Swiss Re en 2022. Elle a créé un portefeuille de santé, a conclu des partenariats avec une société de télécommunications, des réseaux de pharmacies, des réseaux de cliniques et des réseaux d'hôpitaux. Elle incite les gens à épargner, mais l'argent mis de côté ne peut être utilisé que pour des dépenses liées à la santé. Pour éviter les fraudes, on vous envoie un mot de passe à usage unique au moment de payer, pour s'assurer que vous acceptez de payer avec votre épargne « santé ». Si les dépenses médicales sont supérieures à l'épargne que vous avez placée dans le portefeuille santé, l'argent supplémentaire vous est prêté à un faible taux d'intérêt. Cette épargne santé est moins rémunérée que l'épargne traditionnelle – ce qui permet des taux d'intérêt plus bas au moment de l'emprunt –, mais elle est orientée vers un objectif précis et il a été établi que les gens ne mettraient pas nécessairement cet argent de côté s'il n'était pas fléché pour cela. C'est une initiative particulièrement intéressante parce qu'en fin de compte, l'objectif est que les gens épargnent davantage et soient en mesure, le cas échéant, de faire face à des chocs financiers critiques liés aux dépenses de santé, l'un des types de chocs les plus importants et les plus fréquents.

J. M. : La prévention est, en effet, une question intéressante. Je pense qu'à bien des égards, les gens sont dans des stratégies préventives, qu'elles soient proactives ou non. L'assurance informelle repose sur la réciprocité et signifie que vous investissez dans les relations, que vous aidez les autres même si vous n'êtes pas directement concernés par ce qui leur arrive. C'est de la prévention, car vous savez que ces relations sont des ressources dans lesquelles vous pourrez puiser plus tard. Bien sûr, personne ne se dit que c'est de la prévention, mais il s'agit d'un investissement important dans des mécanismes qui peuvent s'avérer utiles ultérieurement.

D. M. : *Concentrons-nous sur la qualité des données. Comment collecter des données de qualité ? Quel est l'impact des technologies numériques au niveau de cette collecte ?*

D'abord, les outils digitaux ont, évidemment, été très utiles pour collecter les données et s'assurer qu'elles sont rapidement et rigoureusement transcrites puis traitées. Nous avons travaillé avec un partenaire, L-IFT, basé aux Pays-Bas, pour les «*diaries*» des petites entreprises, qui a développé une application dans le but d'améliorer notre efficacité et la qualité des données. Un nouveau processus de collecte de données a aussi été mis en place au Royaume-Uni dans le cadre d'un projet mené par Nest (le grand fournisseur d'épargne-retraite du gouvernement britannique) : avec le consentement des intéressés, les transactions financières sont enregistrées au moyen d'un logiciel installé sur les téléphones, puis partagées automatiquement avec les chercheurs. Bien entendu, toutes les données sont dépersonnalisées et anonymes, et la confidentialité est totalement préservée.

Mais d'autre part, le fait de s'asseoir avec les gens et de discuter de ce qu'ils font, de leur poser des questions sur leurs stratégies, d'établir des liens entre les différents choix, est très utile. L'une des choses qui m'inquiètent, c'est que la collecte numérique de toutes les données montre exactement ce que les gens ont fait. Mais il est tout aussi important de savoir ce que les gens n'ont *pas* fait. Il est essentiel de comprendre cette dimension : «*Je devais aller chez le médecin, mais j'ai attendu un mois parce que je n'avais pas d'argent. Ensuite, j'ai demandé de l'aide à mon frère et il a pris de l'argent sur son compte.*» Ce type de conversations est souvent le plus révélateur. Ce que les gens n'ont pas fait, ce qu'ils ne pouvaient pas faire, ce qu'ils devaient faire. Et ce n'est qu'en discutant avec eux que l'on comprend et que l'on se fait une idée.

D. M. : comment recueillez-vous des informations ? Quelle est la recette ?

G. W.-R. : sur ce sujet, je suis convaincue qu'il faut parfois aller plus lentement pour ensuite pouvoir aller plus vite. Le secteur privé veut souvent aller vite, tester les solutions, tirer les leçons du processus, recommencer en mieux, etc. Cela présente, bien sûr, beaucoup d'avantages, mais peut parfois conduire à des préjugés, voire à des erreurs, ce qui, en fin de compte, contredit l'objectif initial de rapidité et rallonge le processus.

Et quand il s'agit de créer un marché ou, en tout cas, d'entrer dans un marché qui en est à ses débuts, pour lequel il faut découvrir le client, repenser l'offre, redéfinir les opérations et l'informatique, changer de canaux de distribution, eh bien, c'est vraiment mieux de ne pas opter pour le *fail fast* mais pour le *learn first.*

Il n'y a évidemment pas de recette absolue pour réussir. Il s'agit de trouver le bon équilibre. *Les bons équilibres.* Tout d'abord, *entre les approches qualitatives et quantitatives.* Le secteur des services financiers est un domaine très quantitatif avec des mathématiciens, des ingénieurs financiers, des actuaires[1], des souscripteurs. Mais c'est un secteur qui est de plus en plus ouvert aux suggestions des sociologues, des économistes comportementaux, des chercheurs, justement pour avoir une approche plus équilibrée.

Ensuite, *entre les horizons temporels.* Dès le tout début d'un projet, il faut consacrer suffisamment de temps à la recherche et à la collecte d'informations pour comprendre la population à laquelle nous cherchons à nous adresser, ses besoins, ses comportements, puis pour concevoir et lancer un produit ajusté et pertinent. Et, bien sûr, il faut aussi recueillir des données au cours des premiers mois du projet pilote afin de le peaufiner, de l'améliorer et de l'adapter à une plus grande échelle.

---

1. Spécialistes de la statistique et du calcul des probabilités appliqués aux problèmes d'assurances, de prévoyance et d'amortissement.

La plupart des erreurs que nous avons commises étaient liées non seulement au fait que nous pensions savoir mais que nous pensions pouvoir nous mettre à la place des gens, et les comprendre. J'utilise souvent l'exemple des entretiens que j'ai menés avec plusieurs femmes à Jogjakarta, en Indonésie. En revenant de ces groupes de discussion, je me suis dit: *«Je me doutais qu'elles allaient répondre ceci et cela, ça ne m'étonne pas qu'elles aient réagit comme ci ou comme ça.»* Puis, au milieu de la nuit, j'ai commencé à me demander comment il était possible qu'aucune des réponses ne m'ait vraiment surprise. Et je me suis rendu compte que chacune m'avait répondu ce qu'elle pensait que je voulais entendre. Nous avons recommencé, cette fois avec des enquêteurs issus de leurs communautés. Et honnêtement, les réponses étaient très différentes. Nous connaissons tous cette idée: quelqu'un qui me ressemble m'inspire davantage confiance. Cela s'applique également aux méthodologies d'études clients, même s'il y a parfois une forme d'effet de confessionnal qui se produit avec des personnes que vous ne connaissez pas et qui sont beaucoup plus à l'aise lorsqu'elles parlent à un étranger. Encore une fois, il s'agit de trouver la bonne ligne de crête, c'est un processus d'essais et d'erreurs.

La collecte de données est aussi très importante pour mesurer l'impact. En effet, il ne faut surtout pas oublier que nous avons un double objectif: avoir une activité profitable qui produise de l'impact. Mais comment le mesurer? Par les indemnités versées? Ce n'est, bien sûr, pas suffisant, mais c'est un point de départ – qui a l'avantage de ne pas entraîner une complexité sans fin: on ne pourrait pas cumuler les impacts individuels en prenant en compte les changements induits dans la vie de chacun. Il faut néanmoins aller plus loin.

Nous utilisons une méthodologie reconnue, qui relie les activités commerciales à la fois aux résultats long terme et aux effets court terme, en évaluant l'impact social que le programme cherche à créer. Notre activité consiste à atteindre les communautés mal servies aujourd'hui, grâce à des produits simples, abordables et accessibles. Nous avons mis au point un outil d'évaluation des produits pour mesurer l'importance accordée au client et à ses attentes : la communication est-elle efficace ? Les sinistres sont-ils payés efficacement ? Etc. Le principal impact, c'est une meilleure gestion des risques et une meilleure santé financière pour les clients, avec comme conséquence une croissance économique durable. Nous en sommes encore à un stade un peu trop théorique, mais chaque itération de mesure nous permet d'être de plus en plus pragmatique.

J. M. : En tant qu'universitaire, je ne dirai jamais que quelque chose est trop théorique ! Qui plus est, je vais rajouter ce qui pourrait être perçu comme une couche supplémentaire de complexité : à chaque étape, nous devons réfléchir à ce qui se serait passé si l'intervention n'avait pas eu lieu. Ce que l'on appelle le scénario contrefactuel. La mesure de l'impact vise à comprendre comment la nouvelle solution se différencie de ce que les gens auraient fait en l'absence de la solution proposée. Cela nous ramène à la richesse de nos conversations sur la gestion informelle des risques. Un nouveau produit vient-il enrichir de manière significative le portefeuille de solutions d'un client ? Comment affecte-t-il la communauté ? C'est en fin de compte ce que nous recherchons : créer un changement significatif par rapport à ce qui se serait passé autrement.

D. M. : *Qu'est-ce qui vous a le plus surpris tout au long de votre expérience ?*

J. M. : Je suis continuellement surpris par la difficulté qu'il y a à inciter les personnes réfléchissant à la pauvreté, aux inégalités ou aux Objectifs de développement durable (ODD[1]) à penser aussi à

---

1. Ratifiés en 2015, les 17 ODD sont un appel universel à agir pour éradiquer la pauvreté, protéger la planète et faire en sorte que tous les êtres humains vivent dans la paix et la prospérité à l'horizon 2030.

la vie financière des gens. Il y a vraiment deux groupes d'experts, de décideurs politiques, d'universitaires : d'une part, ceux qui réfléchissent au bien-être matériel, à la pauvreté et aux ODD d'un point de vue économique ; de l'autre, ceux qui réfléchissent à la finance et à la vie financière. Ces deux groupes gagneraient à dialoguer davantage. Il y a tellement de travail à faire de manière transversale qu'il est passionnant de faire partie de cette conversation. Mais c'est aussi une frustration et une surprise de voir à quel point il est difficile de faire se parler entre eux ces deux groupes.

Aussi, il serait utile de ne plus considérer la lutte contre la vulnérabilité financière comme le seul objectif et de se tourner vers d'autres sources de vulnérabilité telles que la santé, l'éducation, l'accès au numérique, entre autres. La vulnérabilité financière n'est pas une situation figée, mais un ensemble de risques. Nous devons élargir cette notion afin de mieux réfléchir au rôle joué par le risque, pour ensuite réduire ce « risque du quotidien ». C'est, me semble-t-il, un momentum auquel ce livre cherche à contribuer, et l'une des raisons pour lesquelles j'ai accepté d'en faire partie. Cet élargissement est une condition sine qua non à l'inclusion des plus vulnérables.

G. W.-R. : Je suis tout à fait d'accord, il est essentiel de réunir ces deux communautés. L'un des moyens serait d'inclure explicitement la protection financière et l'assurance dans les ODD. Il est, évidemment, et malheureusement, trop tard pour cela, mais nous devons, en tant qu'industrie, préparer le terrain pour ce qui suivra et devra être plus adapté, les « enfants » des ODD devront être plus adaptés et reconnaître que la vulnérabilité n'est pas une situation mais un risque. Tout comme les ODD sont beaucoup plus efficaces, fédérateurs et mesurables que « leurs parents », les Objectifs du millénaire pour le développement (OMD).

Plus généralement, il y a encore aujourd'hui trop peu de discussion commune relative aux mesures et aux objectifs de l'assurance inclusive. Ils sont fondamentalement absents des ODD, quasi absents du Findex[1] et il n'existe pas d'outils validés au niveau mondial pour mesurer l'impact social créé par l'assurance, alors qu'il en existe plusieurs concernant l'impact des activités de gestion d'actifs, des banques et des fonds de pension. La Fondation Swiss Re, en collaboration avec l'UNEP FI[2], est en train d'en créer un et nous entamons la discussion avec elle. Mais en ce qui concerne les normes communes pour mesurer l'impact de l'assurance inclusive, elles doivent encore être définies puis adoptées par l'ensemble du secteur. C'est probablement l'une des raisons pour lesquelles il s'agit d'un domaine qui, pour ainsi dire, cherche encore ses marques. Mais nous avons besoin de mesures communes au secteur, utilisées par tous à des fins de comparabilité et de légitimité – ce sont des indicateurs essentiels dont ont besoin toutes nos parties prenantes, qu'il s'agisse de nos clients, de nos employés, de nos partenaires, mais aussi de nos investisseurs et analystes, pour créer une légitimité, un véritable impact sur la matérialité et le sérieux de notre approche. Ce processus est en cours, mais comme cela a été le cas pour le changement climatique, tant que nous n'aboutissons pas à des normes communes, leur absence restera un frein à la croissance de ce marché et à l'atteinte de nos objectifs.

---

1. Lancé en 2011, Global Findex est la principale base de données sur la manière dont les adultes du monde entier utilisent les services financiers, des paiements à l'épargne en passant par les emprunts, et gèrent des événements financiers tels qu'une dépense importante ou une perte de revenu.

2. L'Initiative financière du Programme des Nations unies pour l'environnement (UNEP FI) est un partenariat public-privé établi par le Programme des Nations unies pour l'environnement (PNUE) et le secteur financier. L'Initiative regroupe plus de 200 membres parmi les leaders des banques, des fonds d'investissement, et des entreprises d'assurance.

FAIRE FACE À LA VULNÉRABILITÉ PARTAGÉE DANS LES PAYS MATURES, L'EXEMPLE DE LA FRANCE – LES NOUVEAUX RISQUES DANS L'ARCHIPEL FRANÇAIS

Entretien entre Jérôme Fourquet et Guillaume Borie, facilité par Garance Wattez-Richard

Diplômé de l'Institut d'études politiques de Rennes et titulaire d'un DEA de géographie électorale (université Paris-VIII), **Jérôme Fourquet** est analyste politique, expert en géographie électorale, et travaille depuis plus d'une vingtaine d'années sur les fractures territoriales et les enjeux sociaux économiques en France. Il dirige le département Opinion à l'IFOP.
Il est notamment l'auteur de *L'Archipel français. Naissance d'une nation multiple et divisée* (Seuil, 2019), de *La France sous nos yeux* (avec Jean-Laurent Cassely, Seuil, 2021) et de *La France d'après. Tableau politique* (Seuil, 2023). Il est reconnu comme l'un des meilleurs analystes de la société française et de ses évolutions économiques et sociales.

Diplômé de Sciences Po, **Guillaume Borie** est directeur général d'AXA France et membre du comité directeur du Groupe. Entré dans l'entreprise en 2009, il a œuvré plusieurs années au sein de la direction de la Communication avant de devenir secrétaire du conseil d'administration et directeur du cabinet du PDG d'AXA en 2013. En 2016, il est nommé directeur de la Stratégie pour piloter la préparation et le déploiement du plan Ambition 2020 « From Payer to Partner ». L'année suivante, il devient directeur de l'Innovation du Groupe et travaille notamment à l'accélération des efforts d'innovation dans les services liés à la santé et aux partenariats technologiques. Il est par la suite nommé au Comité Exécutif d'AXA France, DGA, responsable de l'ensemble des activités d'assurance dommages à destination des clients particuliers, professionnels et d'entreprises ainsi que du pilotage du réseau des 3 000 agents généraux AXA France et des relations avec les 1 200 courtiers partenaires.

1. La démoyennisation et le retour de la vulnérabilité pour les classes moyennes modestes

G. W.-R. : *Jérôme Fourquet, vous avez beaucoup travaillé sur la notion de « démoyennisation de la société française » et montré que « le ticket d'entrée dans la classe moyenne devient de plus en plus élevé ». Pourriez-vous expliquer, en quelques mots, cette tendance à la démoyennisation ? Quels en sont les grands marqueurs en termes de rapport à la consommation et, plus généralement, de mode de vie pour ceux que cela concerne ?*

Jérôme Fourquet : Je vais me permettre de replacer, en premier lieu, la question de la démoyennisation dans un cadre plus large en rappelant ce qui est une forme d'évidence : nous sommes plus que jamais dans une société de consommation. Jean Baudrillard a écrit son livre du même nom en 1970. Mais si je résume à grands traits, alors qu'à l'époque des grands contrepoids philosophiques, idéologiques ou sociologiques, le catholicisme et le communisme existaient face à cette société de consommation, ils se sont effondrés depuis une trentaine d'années.

La société de consommation s'est ainsi tout entière déployée dans l'espace laissé vacant et la consommation s'impose, si l'on peut dire, comme le cœur nucléaire de notre société. En outre, cette société de consommation s'est considérablement sophistiquée avec la publicité, la diversification des circuits de distribution, la multiplication des points de vente, mais aussi des produits proposés aux consommateurs avec des options et des variantes quasi infinies. Prenez uniquement un acteur comme *Intermarché:* ils alignaient 310 magasins en 1980, 1850 aujourd'hui. Au niveau géographique, cette société de consommation s'incarne dans ces zones commerciales de périphérie qui ont complètement reconfiguré nos paysages. Elle structure désormais le pays.

Ces éléments me semblent déterminants quand on évoque le phénomène de démoyennisation. Car on ne parle pas d'un phénomène absolu, mais en réalité, d'une démoyennisation *relative,* du fait que le *French way of life,* ou plus explicitement, ce qui se trouve dans le panier moyen de biens et services exigibles pour se sentir appartenir à la classe moyenne, n'a cessé d'augmenter ou de s'alourdir depuis cinquante ans. Et le phénomène est sans fin. De nouveaux besoins et de nouveaux désirs ne cessent de naître tandis que de nouveaux produits et services se sont incorporés à ce panier moyen nécessaire. L'équipement du foyer, qui n'a cessé de se perfectionner (blenders, la machine à café à dosette, etc.) tout comme l'équipement individuel (smartphone, ordinateur, écran plat) illustrent bien ce phénomène auquel les réseaux sociaux contribuent encore davantage, évidemment.

Dans ce contexte, le coût pour se sentir accepté au grand buffet de la consommation est ainsi de plus en plus élevé. La démoyennisation ne se calcule pas en termes de niveau de vie ou de revenu: l'équipement des foyers, mêmes modestes, est, en effet, bien supérieur à ce qu'un individu appartenant au même milieu social possédait il y a quarante ans. C'est d'abord par cette élévation permanente du seuil d'accès à la classe moyenne que cette paupérisation relative s'explique.

L'autre dimension du problème tient au fait qu'on a parallèlement une partie de la population qui n'arrive plus à suivre cette cadence. Cela s'explique, notamment, par des progressions de carrières et de salaires plus lentes, ainsi que les types d'emplois créés depuis une quarantaine d'années, surtout dans les services à la personne, la logistique ou le commerce qui sont des secteurs caractérisés par de faibles gains de productivité et donc peu de possibilités d'augmentation salariale. Et cela génère un sentiment de déclassement et de frustration immense mais qui, de notre point de vue, est un déclassement, encore une fois, relatif.

Je me permets de prendre une image sportive pour bien préciser le phénomène. Admettons que la société française soit le peloton du Tour de France et que se mette en place une seule règle dans cette compétition : que la vitesse moyenne du peloton doive augmenter d'un ou deux kilomètres par heure par édition. Au bout de quatre ou cinq ans à ce régime, le peloton va s'étirer quelque peu et seules quelques personnes ne vont pas s'en sortir. Mais au bout de 15 ou 20 ans, le peloton va être coupé en deux avec une première partie qui aura été en capacité de suivre la cadence et une autre qui n'aura pas démérité, qui pédalera sans doute peut-être un peu plus vite qu'il y a quinze ans, mais qui verra inexorablement la tête du peloton s'éloigner. Et elle éprouvera un sentiment immense de frustration, de colère et de déclassement.

Nous assistons ainsi à une forme d'effet de ciseaux entre, d'une côté, l'élévation des standards d'appartenance à la classe moyenne dans cette société d'hyperconsommation et, de l'autre, une part de la population qui ne peut plus suivre, du fait du type d'emploi peu rémunéré qu'elle occupe. Il faut, en outre, rajouter à ce modèle explicatif général le phénomène contingent récent du retour de l'inflation qui va aggraver le problème (une proportion de la seconde partie du peloton va encore davantage décrocher).

Je tiens ici à préciser qu'il faut néanmoins faire attention aux fausses interprétations sur la paupérisation, d'autant que nous bénéficions d'un système social très protecteur et que la société française a été celle dans laquelle les inégalités ont le moins augmenté à l'issue de la crise du Covid.

Plus concrètement, prenons l'exemple de la capacité à épargner, qui est un bon indicateur de l'évolution de la situation. Nous posons régulièrement dans nos études la question aux Français: *«Parvenez-vous à épargner, une fois que vous avez tout payé à la fin du mois?»* La notion du *tout payé* est importante, car elle recouvre à la fois les fameuses dépenses contraintes mais également ce panier de biens et services minimum pour se sentir appartenir à la classe moyenne. En 2010, au moment de la précédente crise économique liée aux *subprimes*, arrivée avec un temps de retard en France, 54 % des Français pouvaient encore épargner à la fin du mois. En novembre 2022, ce chiffre était passé à 37 %. Et il baisserait encore si l'on faisait l'exercice en 2023 au regard de l'inflation. Dès lors, une part croissante de la population adopte, de manière parfois choisie mais bien plus souvent contrainte, ce qu'on appelle *une logique d'arbitrage*, c'est-à-dire un comportement de consommation consistant à faire rentrer toutes ses dépenses dans un budget contraint et non extensible.

Et l'on voit cette logique d'arbitrage se déployer dans tous les domaines. De manière concrète, les consommateurs modestes vont tout simplement couper dans certains postes de dépenses pour pouvoir en sanctuariser d'autres. C'est ce que l'on observe en matière d'alimentation ou d'habillement. On voit l'importance prise par les marques distributeurs ou le *hard discount.* Regardez le succès phénoménal d'une enseigne comme *Action,* discounter non alimentaire hollandais, avec des centaines de références à moins d'un euro qui permettent à tout le bas de la classe moyenne, aux catégories paupérisées, de participer encore à l'acte de consommation. Implantés en France depuis 2012 seulement, ils ont aujourd'hui plus de 700 points de vente.

L'autre stratégie pour se maintenir dans le rythme de cette société de consommation est celle de la débrouille (la seconde main, les vide-greniers, etc.). Attention, d'ailleurs, aux erreurs d'interprétation sur cette économie de la débrouille que certains aimeraient voir uniquement comme le signe d'une conscience environnementale plus forte ou l'attrait pour la sobriété : l'arbitrage « fin du monde *versus* fin du mois » joue toujours très – et encore plus – fortement, d'autant plus avec le retour de l'inflation.

Les entreprises qui sont aujourd'hui dans des secteurs « arbitrables » font ainsi face à de fortes difficultés, car le marché est entièrement tiré par les prix bas. Les faillites en cascade des enseignes de vêtements de la France de la « grande » classe moyenne – *Camaïeu, Pimkie, Kookaï* ou encore *Naf Naf* – en témoignent.

D'autres postes de dépenses vont être quelque peu sanctuarisés, mais réduits. Les petits moments de plaisir sont moins fréquents et, depuis deux ans, on constate une baisse de 13 % sur la consommation de produits bio. La société de consommation étant également une société de loisirs, le poste vacances et loisirs est aujourd'hui relativement maintenu, ce qui explique qu'on a à peu près, en 2023, la même proportion de Français qui partent en vacances. Néanmoins, ceux qui partent en vacances, partent moins loin, moins longtemps (8 jours en moyenne en 2023 contre 9 en 2022) et adoptent plus souvent le système D, c'est-à-dire qu'ils partent chez des proches, échangent leurs logements, etc. Cette logique d'arbitrage est ainsi à l'œuvre sur tous les secteurs, soit en coupant directement, soit en modifiant ce qui mérite d'être sanctuarisé.

G. W.-R. : *Guillaume Borie, que signifie cette démoyennisation décrite par Jérôme Fourquet pour AXA France ? Comment définiriez-vous votre cible pour votre stratégie d'assurance inclusive ?*

Guillaume Borie : La démoyennisation à laquelle fait référence Jérôme Fourquet est, d'abord, pour une entreprise comme AXA, l'indication d'une mutation significative de ce qui constitue le cœur de notre clientèle pour laquelle on a historiquement développé des solutions de protection. En d'autres termes, il y a un parallèle très fort entre la croissance de l'activité assurantielle et le développement de la classe moyenne.

C'est un parallèle qui se vérifie historiquement dans tous les différents pays où l'on opère : le métier de l'assureur est, par nature, lié à la classe moyenne. Et cela se comprend aisément : les populations plus riches, largement au-dessus de la classe moyenne, s'assurent, du fait de leur niveau élevé d'éducation financière et parce qu'ils souhaitent une solution face aux situations extrêmes. Mais leur surface financière leur permettrait théoriquement de faire face à tout ce qu'on peut appeler les sinistres « du quotidien ». À l'inverse, pour la partie la plus pauvre de la population, l'assurance est vécue comme une question secondaire, car l'horizon est davantage la survie au quotidien. Le destin de l'assurance, si j'ose dire, est ainsi lié à celui de la classe qui est entre les deux, la classe moyenne.

À cet égard, le phénomène que Jérôme Fourquet décrit nous impose de changer notre approche, car nous avons vécu pendant longtemps sur un double postulat : d'une part, la vulnérabilité se limitait, si je peux m'exprimer ainsi, aux 15 % de la population française sous le seuil de pauvreté ; d'autre part, la protection de la vulnérabilité s'inscrivait dans le cadre de notre politique RSE (responsabilité sociétale des entreprises), qui visait elle-même à soutenir ou compléter les actions mises en place par l'État-providence et les acteurs sociaux. Nous avons mené depuis des années une politique ambitieuse de mécénat, en soutien à l'innovation sociale, et nous devons impérativement continuer et accélérer ce mouvement.

Mais, aujourd'hui, comme Jérôme Fourquet l'a évoqué, le visage de la vulnérabilité a changé, ce qui exige, en retour, une manière d'agir différente pour nous. La société française est travaillée, même de manière *relative,* par un effet de sablier et on peut désormais considérer que près de 25 % de sa population, en plus des 15 % de personnes sous le seuil de pauvreté, sont en risque de décrocher de ce qu'il était convenu d'appeler la « classe moyenne ». Nous sommes partis d'une première estimation, fondée sur des chiffres de revenus : 18 millions de personnes vivent entre 1 000 et 1 600 euros par mois, c'est-à-dire 60-90 % du revenu médian. C'est une partie de la population française qui, alors qu'elle travaille, n'arrive plus à joindre les deux bouts, pour le dire très simplement.

Nous avons raisonné également en termes de dépenses contraintes, entendues comme les dépenses pré-engagées, c'est-à-dire les prélèvements – souvent automatiques – relatifs au loyer, aux charges, aux remboursements de crédit, aux impôts et aux assurances. Une start-up – Finfrog[1] – a sorti un indicateur très pertinent : ce qu'il reste sur leur compte courant après le 10 du mois. Pour des clients qui vivent en moyenne avec moins de 2 000 euros net par mois, on parle de moins de 100 euros. Et l'assurance, au sens large, peut représenter jusqu'à 15 % des dépenses pré-engagées de ces ménages modestes. C'est donc une dépense contrainte importante qui contribue à la pression.

À cette contrainte forte de pouvoir d'achat s'ajoute un enjeu statutaire : la peur des impayés, qui feraient passer cette classe moyenne symboliquement dans la catégorie « précaire », les amène à s'assurer que les dépenses pré-engagées sont toujours réglées en temps et en heure. Rater une échéance ou une mensualité, et risquer de ne plus pouvoir s'assurer exactement comme on le souhaite, est vécu à la fois comme un déclassement violent et comme une injustice. C'est dans ce cadre que toute forme d'imprévu devient souvent très difficile à gérer. Pour le dire autrement, le risque redevient un élément central de leur vie, car ces populations n'ont plus de matelas de

1. L'étude réalisée par Finfrog sur un échantillon moyen de 10 000 clients montre qu'il reste en moyenne 75 euros sur le compte bancaire des Français qui gagnent moins de 2 000 euros net mensuels au 10 du mois en 2023. Plus de 50 % des Français ont, en effet, des revenus inférieurs à 2 000 euros net (selon l'INSEE, le revenu médian mensuel en 2019 était de 1 837 euros).

sécurité. Je discutais avec une cliente française qui a eu un accident de voiture et les réparations s'élevaient à 3000 euros. Elle a perdu 5 kilos avant d'entendre la réponse positive de son assureur, tant sa vie – professionnelle et personnelle – aurait été impossible sans voiture et tant il lui était impossible de trouver la somme requise. On en revient à la définition de la vulnérabilité: c'est moins une situation qu'un risque. Le risque de ne pouvoir faire face à l'imprévu tout simplement.

À cet égard, notre stratégie ne relève pas de notre RSE mais repose bien davantage sur des approches nouvelles et innovantes: nous voulons proposer à ces populations des solutions plus adaptées de gestion des risques, et leur permettre de mieux gérer les imprévus du quotidien ainsi que les épreuves plus difficiles de la vie. Dans le même temps, nous proposerons des prix très compétitifs et notre démarche devra donc réduire le poids de l'assurance dans les dépenses contraintes.

C'est notre vision de l'assurance inclusive: mieux protéger des populations désormais vulnérables, dans le cadre de notre activité commerciale avec des offres pertinentes et abordables. L'avenir ne doit pas être un risque.

2. L'analyse de la vulnérabilité

G. W.-R.: *Comment mesurer aujourd'hui cette nouvelle forme de vulnérabilité? Que pensez-vous de cette première définition par les déciles de revenu (60-90 % du revenu médian)?*

J. F.: Il est, en effet, nécessaire, en première approche, de raisonner en déciles de revenu. Cela permet, notamment, d'identifier par tranches les travailleurs pauvres et, plus largement, tous les Français qui travaillent mais qui ont des niveaux de rémunération assez faibles.

La France s'est, d'une part, volontairement ou pas, spécialisée dans la création de ce type d'emploi, entre autres, dans la logistique, le secteur du soin à la personne ou la grande distribution. D'autre part, toute la politique fiscale de baisse des cotisations sociales sur ces niveaux de salaires explique l'essor de ce segment de travailleurs. Cela renvoie, d'ailleurs, à tous les débats relatifs aux effets d'écrasement des salaires autour du SMIC des politiques publiques.

L'approche par déciles de revenu permet bien, effectivement, d'identifier cette catégorie. Mais il est nécessaire d'aller plus loin, car les enjeux liés à la vulnérabilité dépassent, évidemment, le revenu. Une approche « psychologique » complémentaire me semble notamment indispensable. Le point commun de cette cible, qui dépasse ainsi probablement les 25 % de la population française et qui interpelle AXA, est ce sentiment que l'on entend répéter, dans les nombreuses études que l'on a pu faire ou autour des ronds-points des « gilets jaunes », « d'être trop riche pour être aidé. Mais pas assez pour vivre correctement ». D'ailleurs, si je ne me trompe pas, c'est comme cela que vous appelez votre cœur de cible : « Trop pauvres pour être riches, trop riches pour être pauvres », n'est-ce pas ?

C'est donc cette population qui bénéficie peu des aides publiques, ne peut pas / plus épargner et a des difficultés croissantes à payer « ce dont ils ont besoin » pour se sentir appartenir à la classe moyenne.

On a pu entendre de nombreux témoignages de « gilets jaunes » illustrant cette situation. C'est, par exemple, une famille qui achète une maison pour être propriétaire, disposer d'un bout de jardin avec le trampoline pour les enfants et le barbecue pour le week-end. Ils se sont installés à 40 kilomètres de Bordeaux et doivent donc faire des allers-retours tous les jours pour y travailler. C'est là que l'augmentation du litre de gasoil de 1,4 euro à 2 euros rompt immédiatement un équilibre déjà fragile. Certains diront que l'on n'est pas obligé de s'installer là-bas, mais il me semble impératif de comprendre ce que l'on a appelé avec Jean-Laurent Cassely l'idéal « *Plaza majoritaire* », en hommage à Stéphane Plaza *[rires]*. Ses émissions ont défini les standards immobiliers contemporains sur un niveau de prix et de confort assez conséquent. C'est un imaginaire extrêmement puissant pour une part importante de la population. Mais elle se retrouve, de ce fait, en permanence juste au niveau de la ligne de flottaison. Le moindre grain de sable – la chaudière qui lâche ou un pépin de voiture – rend la vie impossible, sans parler des plus graves épreuves de la vie. C'est leur grande vulnérabilité. C'est leur grand risque.

L'approche par déciles de revenu doit donc être enrichie par cette dimension psychologique et comportementale, et ainsi élargie à une population sans doute plus vaste. Cette population trop riche pour être aidée mais pas assez pour s'en sortir correctement.

Il faut aussi intégrer les grandes tendances sociétales. J'en mentionnerai deux, en particulier, qui me semblent déterminantes en ce qui concerne la France, sachant que chaque marché européen a ses propres tendances sociétales déterminantes, les mêmes ou d'autres : l'essor des familles monoparentales et celui de la position d'aidant.

La multiplication des familles monoparentales est un fait sociétal majeur qui a des répercussions colossales. En 1990, soit il y a une génération, on comptait 12 % des familles avec enfants qui étaient des familles monoparentales. En 2018, on a doublé ce chiffre avec 24 % de familles monoparentales. Il est important ici de préciser que 85 % de ces familles sont des mères seules avec des enfants (qu'on appelle pudiquement les « mamans solos »). Cela est, d'ailleurs, déterminant pour tout le monde, pas uniquement les populations vulnérables. Par exemple, deux chargées de clientèle AXA qui vivent dans la même ville, avec des enfants, avec la même ancienneté et le même salaire, mais dont l'une est une mère célibataire, feront face aux situations de la vie de manière totalement différente. Il y a encore une tendance, au sein du secteur privé comme du public, à estimer que ces deux situations ne sont pas si radicalement différentes. Mais c'est un élément de vulnérabilité majeur, qui fragilise des pans entiers de la population et que l'on retrouve sur l'ensemble de l'échelle sociale. Il est néanmoins vital de souligner qu'il y a une surreprésentation de familles monoparentales dans les milieux plus modestes. D'ailleurs, de nombreuses femmes en situation monoparentale étaient en pointe au moment de la crise des « gilets jaunes ». Elles avaient, à cet égard, largement évoqué la dimension assurantielle du phénomène.

Au moment de la rédaction des cahiers de doléances sur les premiers ronds-points, la première revendication, après la suppression de la taxe sur le diesel, était justement de pouvoir assurer le paiement des pensions alimentaires. Cela illustre à la fois l'importance du phénomène dans la vie concrète de nombreuses familles et l'angle mort que cela constituait en matière de politique publique. *Les Restos du cœur* nous ont également appris que 50 % de leurs bénéficiaires étaient constitués par des familles monoparentales. On peut aller plus loin encore. Prenez l'exemple des émeutes récentes dans les banlieues françaises : le garde des sceaux a indiqué que 40 % des interpellés étaient des jeunes issus de familles monoparentales.

Des mesures ont été prises pour régler la question du paiement des pensions alimentaires – désormais versées par les CAF qui peuvent ensuite se retourner vers les pères qui ne rempliraient pas leurs obligations –, mais le sujet des familles monoparentales doit impérativement être davantage pris en compte tant par la puissance publique que par des entreprises comme AXA qui cherchent à réduire les fragilités de la société française.

L'autre dimension sociétale est celle des aidants. Nous avons tous conscience du vieillissement de la population et du fameux « cinquième risque » que constitue la dépendance ou perte d'autonomie. Mais un aspect, sans doute moins médiatisé, est le rôle de ce qu'on appelle les « aidants » : 12 à 14 % de la population adulte ont aujourd'hui en charge soit un conjoint, soit un enfant malade ou un ascendant en situation de dépendance. La fragilité est redoublée lorsque vous êtes aidant. L'exemple que Guillaume Borie évoquait – celui d'une femme s'inquiétant pour la réparation de sa voiture – serait encore pire pour une aidante. Car il ne s'agit plus seulement de pouvoir aller travailler mais de pouvoir aller voir ses parents à l'Ehpad et d'en payer le complément.

Ce qui est vrai pour les pépins de la vie, comme la réparation de la voiture, est encore plus aigu pour les plus grandes épreuves : une séparation, une maladie, ou la dégradation de la santé des ascendants. Cela vous fait basculer, du jour au lendemain, d'une situation où vous avez le contrôle sur votre vie – en pouvant mettre un peu d'argent de côté, où vous pouvez partir en vacances – à une situation où vous prenez, en quelque sorte, l'eau de toutes parts et où vous ne vous en sortez plus.

Là encore, comment prendre en compte cette dimension, en tant que responsable politique, en tant qu'employeur ou même en tant qu'assureur ? La situation comptable des individus dans ces deux configurations est la même en termes de revenu ou de logement, mais il y a toutefois une énorme différence à l'arrivée. Il faut intégrer ce qui constitue encore un angle mort en termes d'évaluation de la fragilité. Donc, pour répondre à votre question : Oui, le premier « filtre revenu » est nécessaire, mais il faut y rajouter impérativement la dimension psychologique et enrichir l'analyse avec les nouvelles formes de vulnérabilités que j'ai indiquées.

G. W.-R. : *Qui sont les principales cibles d'AXA ? Quelles sont les variables les plus pertinentes pour votre activité d'assurance inclusive, celles à partir desquelles vous concevez vos produits et services ?*

G. B. : La bonne nouvelle, c'est que nous nous sommes alignés sur les principes, les convictions et le pragmatisme que vient de mettre en lumière Jérôme Fourquet. Comme je le disais précédemment, nous sommes partis d'un critère de revenu, car c'est celui qui traduit le plus simplement la tendance à cette démoyennisation et qui est le défi général auquel nous essayons de répondre. Nous avons donc repris le segment 60-90 % du revenu médian, qui est souvent utilisé pour désigner les classes moyennes inférieures. Mais ce n'est qu'une première étape. Nous avons ensuite analysé plus précisément les autres critères de vulnérabilité, la profession, l'âge, le statut mais aussi ceux que vient d'évoquer Jérôme Fourquet : la situation familiale et le statut d'aidant. Nous avons encore du travail à faire, mais avons déjà retenu quatre grandes cibles :

- *Les micro-entrepreneurs :* il y a un peu moins de 2 millions de micro-entrepreneurs modestes en France sur des secteurs très variés. La plupart ont des revenus d'activités très fluctuants et souvent instables, avec un sentiment d'isolement et de solitude dans leurs activités. Ils manquent souvent d'information sur leurs droits en matière de protection sociale, se concentrent sur l'obligatoire (responsabilité civile) puis la mutuelle (anciens salariés notamment), avec un faible recours à la prévoyance. Nous devons ici faire un effort d'information et de pédagogie pour leur rendre les choix plus simples, et c'est l'objet d'un nouveau pack « tout en un » que nous testons cette année pour fournir une solution à 30 euros par mois contre souvent le double aujourd'hui.
- *Les travailleurs modestes :* il y a environ 7 millions de travailleurs modestes que l'on retrouve notamment dans les métiers du soin à la personne, de la logistique, et du commerce, au sens large. Nous pensons aussi aux intérimaires avec des salaires bas. Ces secteurs sont évidemment très différents, mais ce sont ces travailleurs qui sont plus susceptibles de vivre des chocs professionnels que les autres. Un besoin essentiel est l'assurance auto, car ils dépendent, plus que la moyenne des Français, de leur voiture pour aller travailler.
- *Les retraités :* la France compte environ 1,7 million de retraités modestes. Ce sont des retraités dont la carrière est souvent heurtée

en fin de parcours professionnel et qui perdent un quart de leur pouvoir d'achat, une fois à la retraite. On observe de fortes inégalités de genre : les femmes jeunes retraitées touchent une pension inférieure de 30 % à celles des hommes. Ces retraités ne bénéficient plus des mutuelles d'entreprises, co-financées par l'employeur, et doivent s'assurer à titre individuel. Pour quelqu'un dont les revenus dépassent tout juste les plafonds de la complémentaire santé solidaire, fournie gratuitement ou à faible coût par l'État, cela peut revenir à arbitrer entre la mutuelle et les courses. Notre partenariat avec la région Île-de-France pour créer une mutuelle à l'échelle régionale vise, en particulier, ce segment, mais il y aurait encore plus à co-construire avec les pouvoirs publics.

- *Les jeunes :* on compte environ 2,5 millions de jeunes modestes (en plus des 2,5 millions de jeunes qui sont dans une situation de pauvreté). Cette jeunesse précarisée est touchée de plein fouet par l'inflation et a un fort sentiment de déclassement par rapport à ses aînés. Nous avons une forte responsabilité à l'égard de ces jeunes.

Chacune de ces catégories souffre de vulnérabilités spécifiques que nous souhaitons mieux couvrir. Nous aurons donc une logique commune ainsi que des initiatives et offres dédiées à chacune de ces catégories. Nous avons la chance de bénéficier d'un réseau territorial unique en France avec nos agents et conseillers de proximité, tout comme d'un savoir-faire profond sur de multiples circuits de distribution. Cela nous donne une grande force pour construire les parcours clients les mieux adaptés à chacune de ces cibles et pour mobiliser tous nos savoir-faire au service de ces populations.

3. Le rôle sociétal des entreprises et la stratégie d'assurance inclusive

G. W.-R. : *Comment définiriez-vous, dans ce cadre, la singularité de l'assurance inclusive ? Quelle différence faites-vous avec le low cost ?*

G. B. : L'assurance inclusive pour le Groupe AXA, c'est une vision simple : intégrer dans notre métier, et non pas dans un cadre philanthropique, les personnes vulnérables, « trop pauvres pour être riches, trop riches pour être pauvres » dans les pays où nous sommes présents. Nous devons adopter cette approche dès lors que cette population représente un segment démographique significatif. C'est pour cela que cette activité est en train d'être développée dans les autres pays européens où opère AXA. Et aussi pour cela que nous avons développé cette activité depuis plusieurs années dans les pays émergents où nous sommes aussi présents.

Je l'ai dit, nous ne sommes pas sur un modèle philanthropique. La profitabilité est, pour nous, la condition de la pérennité, de la croissance et donc de l'impact. Mais ce n'est pas non plus, comme je le mentionnais, une logique de low cost. L'assurance joue un rôle trop important dans la vie de ce segment pour justement proposer des offres de moindre qualité. On le voit très bien dans nos études, les clients ne veulent pas nécessairement du premier prix sur le marché, ils souhaitent une offre solide, à un prix juste. Notre enjeu consiste donc à identifier les besoins fondamentaux pour lesquels adapter des produits existants ou construire des produits robustes et de qualité. Avec un prix, en effet, compétitif. Ce n'est donc ni du low cost, qui consiste à être compétitif sur le prix sans l'être sur les autres dimensions du service, ni de la RSE qui ne s'inscrit pas dans une logique commerciale économiquement pérenne.

Paradoxalement, ce type de démarche interpelle parfois, car l'opinion publique s'interroge sur l'authenticité de nos intentions. J'en profite donc pour expliciter nos intérêts à agir. J'en citerais trois :

• *L'opportunité économique,* d'abord, et il est important de le préciser : nous devons trouver des solutions pour mieux accompagner ces 25 % de la population française, et ces chiffres sont très comparables dans d'autres pays européens. Il y a un enjeu à rester une marque forte, universelle, qui couvre la majorité des segments de la population des marchés dans lesquels nous opérons.

- Notre deuxième intérêt est *l'impact* que nous voulons avoir pour nos clients. Je l'ai évoqué, l'assurance joue un rôle essentiel : financièrement, bien sûr, au regard de son poids dans les dépenses contraintes, mais plus fondamentalement, au regard de sa capacité à accompagner chacun face aux imprévus et aux épreuves, ainsi que leur permettre d'aller de l'avant, d'innover.
- Enfin, le *leadership.* Nous sommes convaincus que notre programme d'assurance inclusive nous aidera à devenir un leader plus fort. Le leadership ne se résume plus à une position économique sur un marché ou des parts de marché. Il relève aussi ce que l'on pourrait appeler la *pertinence sociétale.* Une entreprise leader doit développer la capacité à apporter des solutions pertinentes aux grands enjeux sociétaux des territoires où elle opère. Nous avons largement investi dans le défi du changement climatique, et devons désormais avoir une ambition comparable pour lutter contre les inégalités sociales. C'est une attente de toutes nos parties prenantes : clients, employés, partenaires, investisseurs, pouvoirs publics.

Nous voulons, à cet égard, que l'assurance soit un aiguillon et non pas un frein : faire mieux face aux risques tant environnementaux que sociétaux. Il en va de notre réputation, de nos relations avec les régulateurs et pouvoirs publics qui attendent légitimement que nous soyons proactifs, de la confiance de nos clients ainsi que de notre capacité à fédérer nos équipes autour d'un projet d'entreprise. Je crois, d'ailleurs, que ces démarches permettent à AXA France de renouer avec les racines et l'ADN de l'assurance, ainsi qu'avec la raison d'être de notre métier de mutualisation des risques. On a parfois tendance à sous-estimer notre rôle et notre utilité sociale, tant nos offres se sont parfois sophistiquées voire complexifiées. Mais bien protéger, prendre soin, être un véritable partenaire pour améliorer très concrètement la vie de la majorité des gens, est une mission extraordinaire.

G. W.-R. : *Comment cette démarche s'articule-t-elle avec les politiques publiques de protection sociale ?*

G. B. : Cette démarche s'inscrit en pleine complémentarité des politiques publiques d'inclusion financière et de protection sociale. Notre système de protection sociale s'est structuré en 1945 autour d'une logique bismarckienne : les filets de sécurité étaient liés à un contrat de travail dans un monde où l'on passait toute sa vie professionnelle dans la même entreprise et sous le même statut. Petit à petit, ce système s'est enrichi et complété, et il continue de le faire. Je pense, par exemple, aux accords récents pour généraliser la complémentaire santé et la protection contre les accidents de la vie aux fonctionnaires, dont ceux de catégorie C qui ont des salaires contraints. Dans cette perspective, nous devons anticiper et accompagner les grandes tendances liées au travail. Un exemple : de plus en plus de personnes travaillent sous un statut d'indépendant, en témoignent les 650 000 micro-entreprises créées en 2022. Nous avons un rôle à jouer pour inventer leur protection sociale de demain.

G. W.-R. : *Jérôme Fourquet, vous avez écrit récemment sur le rôle des grandes enseignes de distribution en montrant leur rôle sociétal grandissant. Certains ont parlé « d'entreprise-providence ». Quel regard portez-vous sur les stratégies d'entreprises pour mieux contribuer à l'intérêt général ? Comment ces stratégies sont-elles, selon vous, perçues par les Français : indifférence, fortes attentes ou, au contraire, soupçons ?*

J. F. : Nous nous sommes effectivement intéressés à la grande distribution, compte tenu de la place centrale que les enseignes occupent désormais dans cette société de consommation. Elles ont, en effet, le rôle éminent de permettre aux individus de participer pleinement à la société de consommation, d'appartenir ou d'aspirer à appartenir à une certaine classe sociale, en garantissant *partout* – j'insiste ici sur la multiplication des zones commerciales de périphérie – l'accès à un choix important de produits et à des prix abordables. Ces trois éléments sont structurants : la présence locale, le choix étendu et le prix bas.

Il faut naturellement opérer de grandes distinctions, si l'on veut réfléchir aux rôles des entreprises, plus généralement. D'abord, il y a, bien sûr, la différence de « taille », entre les PME, que les Français plébiscitent largement et dans lesquelles ils ont une confiance élevée, et les grandes entreprises, pour lesquelles ils ont une perception différente, parfois plus méfiante. Mais il faut ensuite encore distinguer les grandes entreprises privées des entreprises publiques ou des groupes mutualistes. Dans l'univers de la banque ou de l'assurance, en particulier, les perceptions varient selon que l'on soit une ancienne institution publique, une organisation mutualiste ou un groupe privé « classique ».

Le grand public fait un double constat. En premier lieu, il sent bien que le moteur et le ressort premier d'une entreprise restent le profit. À cet égard, le réflexe initial est, sans doute, sinon le scepticisme, du moins la prudence vis-à-vis d'une communication des entreprises fondée sur la contribution sociétale.

Mais, dans le même temps, et notamment depuis la pandémie de Covid qui a montré les limites de la puissance publique dans la gestion des grandes crises, l'opinion fait le constat que d'autres acteurs, notamment des grandes entreprises, sont nécessaires pour faire face aux grands problèmes sociétaux. Que l'on parle de souveraineté industrielle, de changement climatique, l'État reste central, mais il y a une place à la fois légitime et attendue pour d'autres acteurs, tant ces enjeux requièrent les énergies, les volontés et les financements de chaque grande partie prenante. Par leur agilité, par leur puissance financière, par leur force de frappe, les grandes entreprises ont toute leur place et il n'y a donc pas de d'objection fondamentale ou idéologique.

Cependant, sans doute reste-t-il ce soupçon vis-à-vis d'une communication *corporate* mettant en avant une contribution ou une préoccupation sociétale. C'est le fameux *« Tout ça, ce n'est que de la com »* que l'on entend sans cesse, à l'égard des politiques ou des entreprises. Pour franchir cette couche instinctive de scepticisme, il me semble qu'il faut assumer la nécessité du profit, qui est, par ailleurs, très bien comprise, tout en adoptant une posture d'humilité et de sincérité ; une logique de preuve, démontrant enfin de la constance et de la cohérence dans le propos et dans l'action.

L'humilité et la sincérité vont de pair avec la logique de preuve. Les Français sont comme saint Thomas, ils ne croient que ce qu'ils voient. Il est donc indispensable d'apporter des preuves à des étapes régulières pour que chacun juge sur pièce. C'est seulement par cette démarche que l'on espère lever progressivement la chape de scepticisme qui, dans notre société de défiance, pèse vis-à-vis de toute communication institutionnelle.

Et la posture d'humilité signifie que l'on peut accepter que tout n'aille pas se faire en un clic et que cela puisse prendre du temps. Mais que l'entreprise peut apporter sa pierre à certains combats. Cela est d'autant plus audible si cela est fait avec constance. Il est nécessaire de choisir les enjeux – jeunes, dépendance, inclusion économique, etc. – et de s'y tenir dans la durée.

Reste enfin le sujet de la cohérence qui est central. Il faut éviter les dissonances cognitives qui surgissent quand une entreprise mène de belles actions sur un sujet mais est très en retard sur d'autres dimensions ESG (critères environnementaux, sociaux et de gouvernance). Plus fondamentalement encore, les démarches inclusives ne peuvent pas coexister longtemps avec des stratégies business radicalement différentes. Il me semblerait, par exemple, difficile d'avoir une stratégie business qui irait vers davantage de clientèles premium, car elles apportent plus de valeur, et de faire des programmes RSE pour des classes modestes. Le consommateur-citoyen, qui a aussi appris à déchiffrer les stratégies de communication et la publicité qui l'entourent depuis cinquante ans, ne s'y trompe pas longtemps.

Le client-citoyen reconnaît ce qui a été pensé sincèrement avant que cela ne se transforme en discours de communication. Si ces conditions sont réunies (sincérité, humilité, logique de preuve, constance, cohérence), l'opinion valorise l'engagement des entreprises. Elle finit par penser, quand une nouvelle action sociétale est annoncée, *« Cela ne m'étonne pas d'eux »*, car la confiance et l'image se seront construites, par petites touches successives.

Il y a enfin le client à convaincre. Il me semble que celui-ci apprécie d'abord le prix, bien sûr, qui doit être abordable. Mais il se joue aussi un effet de reconnaissance. L'entreprise doit à la fois démontrer sa capacité à comprendre le mode de vie de ces catégories de population, non seulement sans les juger mais, au contraire, pour les valoriser. C'est l'effet L'Oréal « Parce que vous le valez bien » qui doit jouer pour que la stratégie et le projet réussissent.

G. W.-R. : *Comment faire face aux risques que Jérôme Fourquet évoque quant à la perception du rôle sociétal des grandes entreprises ?*

G. B. : C'est un risque dont nous sommes parfaitement conscients. Nous pouvons l'éviter, et nous l'avons évité, en étant très clairs sur nos intérêts à agir, sur notre définition de *QUI* nous ciblons et sur nos indicateurs clés de performance.

Il y a deux écueils dans le type de démarche que nous menons : d'une part, privilégier l'effet d'image et de rayonnement, sans chercher véritablement à construire une activité pérenne à l'échelle. Nos clients n'attendent pas d'AXA une offre d'assurance conditionnée à la justification de revenus contraints. C'est un risque interne évident et il est donc essentiel de faire du nombre de clients intéressés par nos offres un indicateur clé de succès. D'autre part, le risque « externe » serait de proposer des offres proches de celles du marché, qui n'auraient pas de spécificité particulière en termes d'impact. Nous mettrons donc en place des évaluations d'impact social pour mesurer spécifiquement ce que nous avons fait de mieux en la matière. Nous comptons enfin compléter nos offres d'assurance inclusive par d'autres engagements, tels que le renforcement de nos services d'aide sociale pour nos clients faisant face à un coup dur, formant ainsi un continuum allant du business à la philanthropie.

G. W.-R. : *Jérôme Fourquet parlait de cohérence. Comment faire coexister cette logique inclusive et le reste de votre activité ? Est-ce que cela signifie que cette autre partie de vos activités n'a pas d'impact sociétal ?*

G. B. : En mutualisant les risques à l'échelle de notre société, et en investissant dans son avenir, l'assurance joue, par essence, un rôle fondamental. La logique inclusive consiste à continuer de jouer ce rôle en maintenant dans le cercle assurantiel des populations qui risquent d'en sortir, ou en y incluant mieux des populations qui n'y sont pas ou plus ou que partiellement, ou pire encore, mal. Il nous faut à la fois cultiver la singularité de la démarche d'assurance inclusive et l'inscrire dans une stratégie globale et un continuum cohérent de solutions portées par AXA.

Il y a d'abord la volonté d'identifier nos forces existantes et éviter de partir d'une feuille blanche. Nos équipes ont souvent déjà élaboré des solutions très pertinentes qui peuvent rentrer dans le cadre de ce que l'on appelle « assurance inclusive ».

Nous essayons, en outre, de mieux adapter nos produits et services existants en introduisant, par exemple, davantage de flexibilité de paiement, ou en ciblant mieux nos efforts commerciaux pour atteindre ces cibles qui méconnaissent certaines de nos offres – telle l'assurance emprunteur qui est à la fois adaptée et très abordable –, ou encore faire un partenariat ciblé avec un distributeur dont la clientèle est une clientèle vulnérable. C'est le cas du partenariat que nous avons noué avec l'Adie[1], qui finance les

1. Association pour le droit à l'initiative économique.

entrepreneurs exclus du crédit bancaire classique, et avec qui nous protégeons aujourd'hui près de 10 000 petites entreprises. C'est le premier effort indispensable de mise en cohérence.

Il est, d'autre part, évident que nous ne pouvons pas nous adresser à un segment de la population avec des nouveaux produits et services plus inclusifs et adaptés sans examiner ce que nous faisons déjà pour nos clients actuels, quels que soient leurs niveaux de revenus. Cela participe à un effort plus général d'AXA. Nous cherchons donc à rendre nos produits actuels plus transparents et plus pertinents pour tous nos clients. Un exemple concret : il est maintenant possible pour tous nos clients de payer leur assurance habitation mensuellement sans surcoût et sans conditions. C'est un engagement que nous avons pris, après avoir échangé avec des clients pour qui c'était un impératif budgétaire, mais il est tout aussi pertinent pour un jeune cadre qui a l'habitude de payer son abonnement Netflix mensuellement et souhaite en faire de même pour son assurance. Autre exemple : nous nous sommes attelés à écrire notre nouveau contrat d'assurance pour les entrepreneurs en français courant, sans langage juridico-assurantiel. C'est un défi, mais si nous le réussissons, l'étape suivante sera de s'en inspirer pour nos contrats « pros » plus classiques. En nous mettant dans la peau de nos clients, nous allons donc questionner toute notre chaîne de valeur, de la vente jusqu'au paiement des sinistres.

Je vois donc le défi de l'inclusion sociale comme une opportunité de transformation d'AXA France dans son ensemble, au bénéfice de tous nos clients. Cela ne veut pas dire tout qualifier « d'assurance inclusive », qui reste liée à l'objectif de mieux servir des clients socio-économiquement vulnérables. Il s'agit plutôt d'un impératif pour notre stratégie ESG plus globale.

II | INNOVER

INVENTER DE NOUVELLES FORMES DE PROTECTION INCLUSIVE PARTOUT ET POUR TOUS

Nous pouvons servir de manière rentable et responsable ce segment de clientèle. Pour cela, il faut savoir non seulement adapter les offres existantes mais bien réinventer les modèles. En d'autres termes, innover, et souvent innover de façon radicale. Nickel et DenizBank, en France et en Turquie le montrent parfaitement.

L'innovation est souvent interprétée comme l'innovation technologique, à laquelle elle peut même être réduite. Mais l'innovation passe ici par le fait de repenser la manière dont on adresse les risques auxquels ces populations font face. Elle relève aussi du modèle économique – ce que l'on appelle la proposition de valeur –, de l'écosystème de partenaires tout comme de l'expérience client. Bref, il s'agit autant d'inventer que d'adapter de manière différente. Ceci étant dit, et c'est vital, la technologie joue évidemment un rôle primordial pour soutenir ces diverses formes d'innovation : elle étend l'accès des services, facilite l'adhésion, accélère les processus opérationnels tout en les sécurisant, et contribue significativement à rendre les offres rentables et donc durables.

Ce sont donc ces multiples formes d'innovations que nous cherchons à analyser ici. Comment repenser, en premier lieu, la proposition de valeur, c'est-à-dire la nature des produits et de services que l'on propose. En se focalisant sur l'essentiel des besoins et en apportant des réponses à ces besoins spécifiques qui peuvent être plus importants que ceux couverts par les offres traditionnelles du marché. D'ailleurs, les solutions dont nous parlons ne sont pas du low cost. Nous ne parlons pas simplement de faire moins ou moins cher, mais bien de faire mieux avec moins, ce que certains appellent l'innovation frugale. Simplifier, c'est une forme extrêmement puissante d'innovation et faire simple, sans jeu de mots, est loin d'être facile.

Innover ensuite dans le réseau de partenaires que l'on va mobiliser. Nickel a su, par exemple, s'appuyer sur le réseau des bureaux de tabac pour proposer des services financiers très abordables. Tout l'enjeu est de construire des partenariats parfois contre-intuitifs mais reposant justement sur une manière autre de voir les parcours clients et de cerner les attentes de la clientèle que nous cherchons à inclure. Marie Degrand-Guillaud, directrice générale de Nickel, évoque ainsi la manière dont cette entreprise a su s'appuyer sur le réseau des buralistes français pour distribuer l'offre de services financiers.

Innover dans la relation client enfin. Comment recréer de la confiance dans un univers, celui des services financiers, perçus comme excessivement complexes et opaques. Comment créer de *l'empowerment* tout en assurant la protection et la transparence des données, voire repenser le partage de la valeur créée.

Innover au Sud ou au Nord diffère profondément. En effet, dans la grande majorité des pays du Sud, il s'agit de construire un marché : peu de personnes ont déjà eu une assurance, et une grande partie de notre mission consiste à transformer un besoin en demande, solvable, de surcroît, pour assurer la pérennité des modèles. Il faut, à cet égard, faire comprendre l'assurance et faire comprendre sa valeur. Cela est très profond, car l'assurance traduit, comme nous l'avons appris, un certain rapport au monde. DenizBank a su ainsi gagner la confiance des petits fermiers turcs et créer une offre à la fois rentable et véritablement transformante pour ces populations.

Dans les pays du Nord, au contraire, il s'agit de repenser nos offres dans un contexte très concurrentiel, où beaucoup d'offres low cost existent, et où l'on doit à la fois éviter de faire de la concurrence à nos propres activités, mais aussi apporter plus de valeur et de pertinence que ces offres low cost tout, en restant abordables.

Ceci étant dit, les facteurs de succès sont similaires, quel que soit le marché où nous opérons : nous apprenons à offrir quelque chose d'abordable en termes de prix, d'accessible en termes de distribution, de pertinent en termes de besoins couverts et d'aspirationnel en termes de marketing.

CRÉER LE LEADER DE L'INCLUSION FINANCIÈRE EN FRANCE

Entretien avec Marie Degrand-Guillaud et Garance Wattez-Richard

Diplômée de l'école de commerce ESCP, **Marie Degrand-Guillaud,** a d'abord été consultante au sein du cabinet en stratégie Roland Berger. À partir de 2013, elle rejoint l'Adie (Association pour le droit à l'initiative économique) et en devient directrice générale adjointe. Elle y pilotait notamment la stratégie et le développement international, ainsi que le marketing, le digital, l'innovation et la collecte de fonds. En 2019, Marie Degrand-Guillaud devient directrice générale déléguée de Nickel où elle est responsable du développement de l'entreprise dans tous les pays. Elle est nommée Directrice générale en 2024.

Présentation de Nickel

Née en 2014 de la rencontre entre Hugues Le Bret, ex-PDG de banque, et Ryad Boulanouar, entrepreneur de banlieue et ingénieur en informatique, Nickel ambitionne, depuis près de dix ans, d'apporter une réponse au défi de l'inclusion – ou de l'exclusion – financière. En dépit d'avancées, l'exclusion bancaire est une réalité persistante à laquelle nombre de Français sont confrontés : 4,1 millions de personnes vivent en situation d'interdit ou de fragilité bancaire, sans toujours trouver de solution qui leur convienne. Cette bancarisation imparfaite est à l'origine de difficultés quotidiennes, se répercutant sur la sphère professionnelle comme personnelle. Plus largement, des milliers de personnes, quel que soit leur profil, sont en demande d'une offre de compte courant simple, utile et transparente.

Face à ce constat, Nickel propose une réponse unique et adaptée :

- 1 compte courant, ouvert à tous, sans conditions de revenus ou de patrimoine, et sans possibilité de découvert ;
- 1 carte Mastercard® internationale ;
- 1 RIB et des outils pour suivre ses opérations en temps réel (Web, mobile, SMS), accessibles en 5 minutes chez un buraliste ou un point de vente partenaire... Le tout pour 20 euros par an.

Distribuée via un réseau de plus de 7 200 buralistes et commerces de proximité répartis sur tout le territoire français (Hexagone et départements d'outre-mer), y compris dans les territoires souffrant de désertification bancaire, l'offre Nickel vise à être accessible partout. Elle se développe aussi en Espagne, au Portugal, en Belgique et en Allemagne.

Nickel offre donc la possibilité d'ouvrir un compte courant, y compris aux interdits bancaires, sans conditions de revenus ou de dépôt minimum, et accessible à 190 nationalités. L'entreprise fait le pari d'une offre sans découvert autorisé ni agios, universelle, non ciblée, qui est aujourd'hui adoptée par tous types de clients : hommes et femmes, urbains et ruraux, jeunes et adultes, aisés et modestes.

Nickel compte aujourd'hui plus de 3,2 millions de clients. 97 % d'entre eux se disent satisfaits ou très satisfaits et 91 % estiment que Nickel a un impact positif sur leur vie (dont 53 % de « très positif »).

1. La vision de l'inclusion financière de Nickel et de l'assurance inclusive pour AXA

D. M. : Nickel compte aujourd'hui plus de 3 millions de clients en France et est désormais considérée comme l'une des plus belles fintech[1] *de France et bientôt d'Europe. Diriez-vous que Nickel est d'abord un acteur de l'inclusion financière ?*

Marie Degrand-Guillaud : À l'origine, Nickel a clairement la vocation de servir surtout des personnes qui sont en rupture avec la banque. Les quatre fondateurs, dont certains ont eux-mêmes fait l'expérience d'être interdits bancaires, ont réalisé combien l'exclusion bancaire était une situation extrêmement pénible. Dans le même temps, ils avaient déjà créé plusieurs entreprises qui vendaient des cartes à puce dans des réseaux de commerçants de proximité. Ils ont donc eu l'idée de proposer un service de compte courant simple et abordable via ce réseau de distribution. Mais ils pensaient rester un acteur de niche, les premières études évaluant le potentiel à 150 000 clients environ. Nous en avons plus de 3 millions aujourd'hui. C'est dire combien la logique d'universalité, présente dès l'origine et sur laquelle je reviendrai, a permis de révéler l'ensemble des besoins et de la demande solvable en France. Les valeurs de Nickel n'ont, d'ailleurs, pas changé depuis. Nous essayons de faire vivre avec fidélité l'intention initiale.

---

1. Contraction des mots « finance » et « technologie », le terme *fintech* désigne des entreprises innovantes proposant des services aux consommateurs dans le secteur bancaire et financier grâce à l'emploi intensif de technologies numériques (par exemple, présentation en une page et en infographies des enjeux en termes d'opportunités, d'impact sur les autres acteurs du système financier, de risques et de supervision). Souvent de petite taille, ces start-up se développent rapidement dans de nombreux domaines.

En revanche, les fondateurs n'étaient pas issus de l'écosystème de l'économie sociale et solidaire ou de ce que l'on appelle désormais l'« économie à impact ». Ils n'ont pas proactivement conceptualisé leur démarche, et Nickel est ainsi resté pendant longtemps un « outsider » dans cet univers. C'est paradoxal, car c'est une entreprise qui, au regard de son nombre de clients et de sa croissance, est un acteur moteur de l'inclusion financière depuis l'origine. À cet égard, quand je parle à des fonds à impact, Nickel est souvent citée comme l'exemple de l'anti-portfolio, c'est-à-dire du deal qu'un fonds aurait rêvé de faire mais à côté duquel ils sont passés.

Peut-être cette position singulière a-t-elle été un avantage en termes d'innovation, car il n'y avait ni dogme ni héritage de pensée à respecter. La « langue de l'impact » n'est, d'ailleurs, toujours pas vraiment rentrée dans nos codes. Nous avons néanmoins mené une étude d'impact pour continuer à nous poser les bonnes questions et pour nous assurer de la fidélité et de la pertinence de nos engagements.

Dès l'origine, nous avons donc été à la fois animés par la volonté de faire de l'inclusion financière mais aussi de créer une belle marque, universelle, drôle, impertinente même, ancrée dans le quotidien, parlant avec les codes du langage courant, aux antipodes d'une « banque de pauvres ».

D. M. : *Quelles sont les clés ou les éléments les plus importants dans la recette du succès ?*

M. D.-G. : Il y a, en premier lieu, l'alliance du digital et de réseaux physiques de distribution. On a tendance à strictement séparer, d'un côté, les start-up, agiles, technologiques et digitales et, de l'autre côté, les grandes entreprises et institutions avec leurs réseaux physiques certes bien établis mais coûteux, complexes et hiérarchiques. La première recette de Nickel a été de concilier les deux dimensions : l'agilité des start-up avec les grands réseaux de distribution en essayant toutefois de limiter les coûts.

Il y a ensuite la technologie qui a été une vraie innovation de rupture. C'est ce qu'a inventé Nickel avec le compte en temps réel et l'ouverture d'un compte en 5 minutes. Pour entrer dans les détails, traditionnellement, les banques s'envoient des fichiers tous les jours. Par exemple, la BNP envoie à la Société générale le fichier de toutes les transactions entre elles et demande confirmation avant d'indiquer cela sur le compte de l'utilisateur. Ces processus mettent plusieurs jours et personne ne peut savoir clairement ce qu'il ou elle a sur son compte. Nickel a décidé d'afficher aux clients les mouvements dès le premier événement et non à sa confirmation finale tout en respectant l'ensemble des règles et normes interbancaires. La technologie a permis simplement d'utiliser une donnée existante et d'en faire profiter aux clients. Cela permet, en effet, une bien meilleure gestion de son compte et d'éviter de se retrouver à découvert.

Le troisième « ingrédient », c'est la marque. La puissance de Nickel, c'est d'être une marque susceptible d'être universelle, c'est-à-dire non stigmatisante pour les personnes vulnérables qui ont l'habitude de se voir proposer des « offres aux clients fragiles », voire « pauvres », des offres « low cost », des offres qui ne sont jamais véritablement pensées pour redonner à quelqu'un les mêmes moyens d'autonomie et de liberté que tout le monde. Notre marketing est fondamental pour supprimer ce risque de stigmatisation. Il nous a ainsi permis de toucher des clients très différents. Il y a naturellement une majorité de classes moyennes inférieures, mais aussi beaucoup d'autres clients qui utilisent Nickel. C'est indispensable pour éviter que quelqu'un qui paie avec sa carte Nickel soit catalogué comme une « personne dans le besoin ».

***D. M. :** pouvez-vous expliquer votre stratégie d'assurance inclusive dans les pays développés ? quel regard portez-vous sur la réussite de Nickel ? est-ce une source d'inspiration ?*

G. W.-R. : Pour nous, chez AXA, la réussite de Nickel constitue une grande source d'inspiration, en ce qui concerne notre stratégie d'assurance inclusive dans les pays développés. Nickel est rentrée dans un marché déjà très concurrentiel et connaît désormais l'une des croissances les plus spectaculaires du secteur bancaire. Les trois points évoqués par Marie Degrand-Guillaud en sont d'autant plus essentiels : ils ont osé un partenariat très innovant avec les bureaux de tabac, ont défini une offre qui répond aux besoins fondamentaux financiers universels avec un positionnement « malin » et non pas low cost, et enfin, ont mis en place une technologie qui répond à un *insight client*[1] très puissant, la volonté de voir son compte en temps réel. C'est inspirant de voir qu'une des *fintech* les plus réussies soit justement sur un positionnement « inclusif ». Enfin, il me semble capital de souligner que Nickel ne s'adresse pas à un segment défini, établi selon des critères d'éligibilité (trop) précis, car on se fait rapidement dépasser par la complexité et l'illisibilité des dispositifs – c'est, d'ailleurs, souvent l'une de raisons clés des échecs de beaucoup de nouvelles aventures entrepreneuriales : trop de segmentation tue la segmentation.

Notre stratégie est très proche de ce positionnement. Nickel a très clairement identifié le « besoin bancaire » des populations modestes en France. Notre développement dans les pays dit « matures », après nos initiatives dans les pays émergents, répond de la même façon à la volonté de mieux servir ce vaste marché, marché que le secteur des services financiers a trop longtemps laissé de côté et que Nickel a su investiguer. Ce retard, si je peux le dire

1. L'*insight* client ou consommateur correspond à une information, une tendance ou une recommandation issue de l'analyse des données collectées des clients, permettant une compréhension profonde et intuitive de leurs attitudes, de leurs besoins, motivations et comportements. C'est une connaissance approfondie de la clientèle d'une entreprise qui permet de mieux comprendre comment elle pense, ressent et agit en tant que consommateur.

ainsi, s'explique par la manière dont les enjeux sociétaux comme les inégalités sociales s'intègrent dans nos processus de décision. Permettez-moi de faire une comparaison avec les questions environnementales pour éclairer mon propos.

Depuis quelques années au moins, nous sommes en mesure de facilement constater le changement climatique : ses conséquences sont sous nos yeux, de plus en plus dans notre quotidien, et aussi sur notre résultat financier d'assureur de catastrophes naturelles. C'est une *expérience,* concrète, quotidienne, évidente. Impossible de passer à côté. L'exclusion financière est, d'une certaine manière, plus compliquée à appréhender, à toucher du doigt dans notre vie quotidienne et dans notre métier. Pour AXA, ses conséquences sont lentes, car elles s'expriment principalement au travers de perte progressive de parts de marché. Qui plus est, « l'ennemi » de la situation climatique, si je puis dire, est plus facile à toucher, à concrétiser, à mesurer même : dit de manière simpliste, l'ennemi c'est l'émission de CO_2. En ce qui concerne l'exclusion financière, « l'ennemi » est plus virtuel, plus difficile à concrétiser, à mesurer : c'est l'inégalité sociale, la volatilité des revenus, la transformation du marché du travail. Et pour la société, en général, les conséquences s'expriment malheureusement de manière de plus en plus brutale, même si encore peu fréquente, au travers de moments de violence urbaine, par exemple.

Ces éléments, la nature de l'exclusion financière, ont longtemps joué sur le mécanisme de prise de décision et sur l'alignement interne quant à nos intérêts à agir, point de départ de toute démarche stratégique. Aujourd'hui, l'alignement est désormais fait. L'assurance inclusive est bien inscrite dans notre plan stratégique.

Un mot du contexte : dans les pays matures, et notamment en France, nous entrons de la même façon que Nickel dans un marché existant, très concurrentiel, parfois articulé avec les systèmes publics. Malgré cela, la classe « populaire » – malheureusement grandissante – que nous ciblons est de plus en plus mal couverte :

trop, trop peu, de manière inadaptée à ses besoins. Il nous est ainsi, avant tout, indispensable de comprendre comment créer de la valeur, à la fois économique et sociale afin de rendre notre offre plus adaptée, pertinente, abordable, accessible. C'est donc plus que de simples lancements de produits, et c'est pourquoi nous prenons notre temps pour définir nos stratégies de mise sur le marché de notre offre pour chaque pays européen, la France en tête – les pays émergents étant « adressés » depuis plusieurs années. Comme l'ont explicité, à leur manière, Jerôme Fourquet et Jonathan Morduch dans le premier chapitre, comprendre le comportement, les origines, les évolutions de ce segment afin de créer de la valeur, à la fois économique et sociale, est un exercice complexe, chronophage et essentiel.

Forts de ces analyses, nous ambitionnons de proposer sur chaque marché des solutions :

• *Simples :* il y a de gros enjeux autour de la pédagogie et de la transparence, de la vulgarisation des garanties, et de la responsabilisation du client. La simplicité est une exigence, nous nous devons de parler simplement, en langage courant pour reprendre l'expression de Marie Degrand-Guillaud, sans quoi l'on se condamne à être difficiles à comprendre, même à provoquer de la méfiance, ce qui signifie que l'on ne peut attendre aucun changement de comportement de la part de nos clients.

• *Accessibles :* sans doute les partenariats de distribution sont-ils, pour nous, le point essentiel, et l'un de nos facteurs de succès réside dans la mobilisation de différents réseaux pour mélanger, je dirais même optimiser, le physique et le digital. Nous devons nous inscrire dans une logique proactive, c'est-à-dire aller à la rencontre de ces clients en montant des partenariats pertinents et en nous appuyant également sur notre forte implantation locale. En France, notre réseau d'agents est exceptionnel, que ce soit d'un point de vue de sa pénétration mais aussi de son ancrage. Dans une ville telle que Clichy-sous-Bois (en Île-de-France), par exemple, nous sommes la dernière enseigne nationale de services financiers encore présente.

• *Abordables :* je voudrais développer ce point essentiel. Notre approche est, comme Nickel, de ne pas être *low cost,* c'est-à-dire de ne jouer uniquement sur le prix. Nous cherchons à promouvoir un meilleur service, sur les dimensions les plus pertinentes pour ces populations, que les offres du marché, tout en étant moins cher. Je vais emprunter un concept de marketing pour être plus claire. Le *Net Promoter Score (NPS)* mesure la manière dont des clients recommandent un produit. Le score NPS du low cost est très élevé, donc très bon, sur le prix, mais (beaucoup) moins bon sur tous les autres attributs : qualité de service et de produit, réactivité du service clients, etc. Nous voulons, au contraire, un NPS meilleur sur ces attributs ainsi que celui du prix. En d'autres termes, le prix ne doit pas être l'unique raison d'acheter, même s'il en fait partie. Il ne faut pas croire que ces ménages vont opter pour la formule la moins chère, mais plutôt pour celle qui est la plus adaptée à leur profil de risque et qui leur apporte de la réassurance, sans mauvais jeu de mots. Plus vous êtes vulnérables, plus votre assureur doit être solide, car vous dépendez véritablement de la qualité de son service. Donc, vous ne voulez pas prendre de risque avec le choix de votre assureur. Et nos études montrent que les gens préfèrent payer un peu plus cher et être certains de la valeur de ce qu'ils achètent. Ils vont opter pour la formule qui est la plus pertinente pour eux et ils préfèrent dépenser 35 euros avec une garantie de service de qualité plutôt que 20 euros avec une incertitude. Ils ne peuvent pas se permettre de prendre le risque de « gâcher » 20 euros. La question de la franchise, par exemple, est essentielle, notamment sur l'assurance auto où elle représente plusieurs centaines d'euros, ce qui est parfois plus que ce que nos clients ont sur leur compte. On revisite donc l'ensemble de l'équation prix-performance et pas uniquement le prix avec des performances qui seraient moins bonnes. Il faut d'abord définir le bon produit ainsi que bon parcours client.

Le prix, plus bas mais pas *LE* plus bas, en est la résultante, pas l'objectif de départ.

Ces recettes sont très difficiles à mettre en place, et c'est ce qu'a réussi Nickel.

Les premiers exemples de l'offre AXA assurance inclusive en France

Nous travaillons déjà avec des institutions atteignant ce segment comme l'Adie pour toucher des micro-entrepreneurs et autres créateurs d'entreprises. Nous avons déjà 9000 clients grâce à ce partenariat, et 8000 autres via des offres adaptées en agence.

Cela passe par des partenariats avec les acteurs publics au sens large, qui sont notamment en France incontournables, à la fois en termes de proximité et de crédibilité: nous avons signé un partenariat avec la région Île-de-France pour apporter des solutions de mutuelles abordable à ses habitants les plus modestes mais pas assez pour être éligibles à la Complémentaire santé solidaire *(« trop pauvres pour être riches, trop riches pour être pauvres »),* dans la même perspective que l'offre Santé communale que nous avons lancée, il y a plusieurs années.

Enfin, nous cherchons à construire nos réseaux à partir de nos propres forces. C'est peu connu mais AXA est un acteur majeur de l'habitat social, avec plus de 80000 logements. Nous cherchons donc à travailler avec des acteurs du logement social pour proposer des assurances habitation abordables. Nous ambitionnons d'annoncer des partenariats avec des réseaux d'employeurs, des plateformes d'économie collaborative ou encore des start-up innovantes.

2. La stratégie européenne

D. M. : Pourriez-vous évoquer votre stratégie européenne ? Quelles sont les divergences / convergences des marchés et jusqu'où devez-vous adapter votre modèle ?

M. D.-G. : Déployer et maximiser notre portée, tel est le cœur de notre ambition pour les prochaines années. Parce que nous sommes convaincus que Nickel répond à une aspiration commune à de nombreux citoyens européens, quels qu'ils soient – avoir accès à un compte universel, simple, utile, bienveillant –, nous allons désormais exporter notre modèle. Mais le développement européen est un grand défi, car Nickel a été pensée, à l'origine, pour être française. Je pourrais multiplier les exemples, depuis changer de langue de travail, adapter les parcours clients, choisir les bons réseaux de distribution jusqu'à s'aligner avec la réglementation.

Nous analysons donc d'abord les sous-jacents des marchés européens qui sont, d'ailleurs, similaires : le compte courant devient de plus en plus cher partout en Europe, car être une banque devient de plus en plus cher, du fait du poids croissant des réglementations, de l'héritage de systèmes souvent lourds, et de la complexité des organisations. Face à cela, les acteurs bancaires ferment leurs agences et réduisent leurs réseaux de distributeurs de billets, au nom de la rationalisation des coûts.

La relation à la banque est souvent ambivalente, même si cela varie d'un pays à l'autre. Dans certains pays, les gens aiment leur banque, comme en Belgique ou en Espagne ; mais dans d'autres, ils les aiment moins, pour utiliser un euphémisme, comme en France ou au Portugal. Les prix varient aussi beaucoup ; en France, par exemple, la banque est plutôt plus chère par rapport aux autres pays européens.

Une fois ces sous-jacents de marché analysés, nous mesurons notre capacité à développer un réseau de distribution local, car nous souhaitons impérativement garder le même modèle opérationnel qu'en France. Dans chaque pays, il nous faut trouver des partenaires de distribution : nous cherchons des commerçants qui sont, d'une part, indépendants et, d'autre part, très implantés localement, dans l'hyperproximité quotidienne. Nous cherchons souvent des réseaux de commerce qui opèrent déjà des activités régulées, car ils devront être accrédités par nos régulateurs en tant qu'agents de paiement.

Nous voulons ensuite proposer une offre véritablement locale, c'est-à-dire avec un IBAN du pays. Cela n'a l'air de rien pour ceux qui ne travaillent pas dans l'industrie bancaire, mais c'est, en réalité, un processus complexe, car cela nous oblige à avoir un double régulateur : le régulateur du pays d'origine, la France en l'espèce, et le régulateur du pays concerné. Enfin, il est impératif d'avoir une marque locale, c'est-à-dire qu'il nous faut construire un langage quotidien, simple, concret.

D. M. : *Et aujourd'hui, quels sont les pays les plus avancés ?*

M. D.-G. : L'Espagne a ouvert en 2021, le Portugal et la Belgique, en 2022. Nous avons ouvert l'Allemagne fin 2023. En Espagne, l'activité décolle vraiment et nous en sommes très heureux. Cela nous rend confiants pour les prochains pays.

D. M. : *Quelle est l'ambition de l'assurance inclusive en Europe ?*

G. W.-R. : Chez AXA, nous voulons devenir le leader de l'assurance inclusive en Europe dans les prochaines années et ainsi rattraper sur ce segment nos parts de marché dans chaque pays européen. C'est un enjeu de business, d'impact et de leadership.

De business d'abord. Parce que le marché adressable est conséquent – entre 25 % et 30 % de la population dans les différents marchés européens, soit au minimum 55 millions de clients potentiels sur les 7 pays qui nous intéressent[1]. Ce sont des personnes qui apprécient l'assurance en tant que filet de sécurité mais font de plus en plus d'arbitrages sur leurs dépenses contraintes – dont l'assurance fait partie –, pour minimiser les coûts et sont donc confrontées à des lacunes en matière de protection.

Pour nous, il s'agit, tout d'abord, de rétention de clients existants qui se trouvent déjà dans nos portefeuilles, puis d'acquisition de nouveaux clients, mais aussi de pouvoir anticiper la concurrence de nouveaux acteurs « low cost » qui viendront challenger notre approche « par le bas », si je puis m'exprimer ainsi.

Il y a ensuite un fort enjeu d'impact sociétal : les ménages modestes ont de plus en plus de mal à faire face aux paiements des assurances, car ils ont vu leur pouvoir d'achat diminuer constamment au cours des dernières décennies – et pas uniquement depuis les « gilets jaunes » ou même la pandémie comme le pensent certains – et pour eux, l'assurance représente aujourd'hui une part significative de leurs dépenses contraintes (jusqu'à 15 %, en fonction des pays). Le poids de l'assurance, mais aussi de l'imprudence, amène de plus en plus de gens à ne plus prendre d'assurance obligatoire, comme l'assurance auto en France : plus de 800 000 personnes rouleraient sans assurance dans notre pays.

3. Entrepreneuriat et intrapreneuriat

D. M. : *Vous avez été rachetés par BNP Paribas, il y a quelques années. Comment se passe l'intégration ? Quelles sont les synergies, d'une part, avec BNP Paribas et quels sont les atouts de ce rapprochement ?*

1. Les pays européens concernés sont les suivants : Allemagne, Belgique, Espagne, Irlande, Italie, Royaume-Uni, Suisse.

M. D.-G. : L'acquisition de Nickel par BNP Paribas s'est faite très rapidement. Les fondateurs souhaitaient vendre et être accompagnés dans la prochaine phase de croissance par un grand groupe bancaire. Il y a eu un excellent contact avec le directeur général délégué Thierry Laborde et ses équipes qui ont veillé à cultiver la singularité de Nickel. Nous avons pu à la fois avoir accès à toutes les expertises de BNP Paribas tout en gardant notre indépendance, notre agilité et notre stratégie.

Le management de Nickel a été renouvelé, Thomas Courtois, qui venait de BNP Paribas, a pris la tête de l'entreprise. De manière générale, tout le monde avait conscience de la force que représentait le fait d'être attaché au Groupe et de l'impératif de structurer de manière progressive l'entreprise. Le rythme et la progressivité sont ici essentiels. Si l'on est trop brutal, on risque de casser l'entreprise.

BNP Paribas est aussi extrêmement utile dans notre développement international. Leurs équipes locales connaissent les réglementations, les régulateurs et les grands enjeux du marché. La relation au Groupe est ainsi très saine : nous sommes autonomes en ce qui concerne la gestion de notre activité et le Groupe est l'actionnaire auquel on se réfère sur les budgets et les niveaux de performance attendus. Les fonctions « régaliennes » sont également rattachées au Groupe : le réglementaire ou les risques, par exemple.

Nickel est ainsi une histoire d'intégration réussie. C'est une autre dimension de notre *success story.* Nous sommes sur une ligne de crête où nous cherchons à garder l'ADN et l'agilité de Nickel tout en étant toujours plus exigeants sur nos processus afin d'être alignés avec les niveaux d'exigence du Groupe BNP Paribas.

***D. M. :** vous avez créé l'entité nouvelle AXA EssentiALL au sein d'AXA. Pouvez-vous partager les défis de « l'intrapreneuriat » ? quels sont les enjeux internes liés à l'innovation, les éventuels freins mais aussi les atouts de créer une nouvelle structure au sein d'un grand Groupe ?*

G. W.-R. : C'est, d'une certaine manière, l'enjeu central, en tout cas, en ce qui concerne le *Quoi,* le *Pourquoi* étant une question plus stratégique classique, si je puis dire. Et chacune des deux configurations – passer d'une start-up à un grand groupe ou entre/intraprendre au sein d'une entreprise déjà largement établie – a ses avantages et ses inconvénients. Comme on le sait, *culture eats strategy for breakfast.* Et les défis de l'intrapreneur sont souvent autant, voire plus, internes qu'externes.

L'innovation consiste, en effet, souvent à faire évoluer et/ou inventer une ou deux dimensions d'un modèle existant : le produit, la distribution, le marketing, l'IT (*« Information technology »*, soit les technologies de l'information), les opérations ou encore le modèle financier. C'est déjà difficile de transformer une ou deux dimensions de l'équation. Ici, il s'agit de faire évoluer toutes les variables clés de l'équation *en même temps :* nouveaux clients, nouvelle offre, nouveaux partenaires de distribution, réglementations parfois différentes, une différente intermédiation de l'IT et des opérations. La résistance interne est donc, dans ce cas, non seulement presque mécanique, mais j'irais jusqu'à dire qu'elle est la preuve que vous êtes en train de faire votre travail, que vous êtes en train de pivoter, de transformer, d'innover. C'est, sans doute, la principale difficulté de l'intrapreneur : l'exigence d'innovation sur l'ensemble des paramètres vous oblige à surmonter les résistances dans tous les domaines. Cette résistance est donc un indicateur de succès. C'est pourquoi l'un des objectifs essentiels est de chercher à co-construire des écosystèmes internes qui ont envie de bouger ensemble parce que les personnes qui les composent doivent avoir la conviction que cela correspond à l'ADN de l'entreprise, et donc à *LEURS* objectifs. La cerise sur le gâteau, dans ce cas précis d'assurance inclusive, est que cela correspond souvent aussi à leurs convictions, leurs envies personnelles de créer de l'impact – ce qui ajoute un élément interne fédérateur inouï, déclenché, au départ, par la conviction de Thomas Buberl. Je reviens ici à la force du récit commun. On sous-estime trop l'importance du narratif, en interne comme en externe, mais aussi du *test & learn,* de la preuve. Notre succès sur les marchés émergents nous a donné du crédit interne pour réussir à convaincre sur les pays matures.

Il me semble aussi que cette exigence de réinvention interne est, pour nous, une forte opportunité de penser autrement, de manière plus horizontale tant notre *process* d'innovation consiste beaucoup à adopter des approches transversales et à casser les silos entre produits (santé / vie / prévoyance / changement climatique), entre moments de vie (privée / professionnelle), entre partenaires (publics / privés, grands / petits, for profit / non-profit), entre grandes familles professionnelles (risque, finance, marque, conformité…). Nos clients attendent que nous adressions tout leur paysage de risque de manière holistique. Cela nous oblige à opérer très différemment.

Prenons l'exemple des indépendants ou micro-entrepreneurs. Mon terme préféré pour les qualifier est le mot anglo-saxon «*Prosumers*»: *professional consumers.* L'une des sources de leur vulnérabilité est la moindre épaisseur du mur qui sépare leur vie professionnelle de leur vie privée. Il y a beaucoup plus d'hybridations, de passage d'une dimension à l'autre: c'est vrai de la voiture, professionnelle la semaine, personnelle le week-end; des plans d'épargne pour l'éducation et la retraite, mais aussi pour les coups durs professionnels; de la protection santé; de la protection de l'habitation qui est souvent aussi le lieu de travail, etc. Les frontières sont plus floues et cela nous oblige à penser différemment.

Enfin, et c'est un point qui différencie les intrapreneurs des entrepreneurs et leur rend la vie plus facile, en tout cas, d'un point de vue prise de risque: comme le dit Marie Degrand-Guillaud, les grosses structures comme les nôtres peuvent avoir de nombreux actifs, de nombreuses forces à partir desquels capitaliser. Par exemple, AXA dispose d'un réseau de proximité très puissant, est déjà présente dans le logement social, a déjà des liens avec d'innombrables partenaires, etc.

Tout l'enjeu consiste donc à inventer des nouvelles relations avec des partenaires / réseaux de distribution existants ou inédits, d'adapter des produits ou d'en créer des nouveaux, et casser les silos tout en créant une dynamique interne collective forte pour valoriser toute la richesse d'un Groupe comme le nôtre.

PROTÉGER LE PREMIER EMPLOYEUR MONDIAL, L'AGRICULTURE FAMILIALE

Entretien avec Hakan Ateş et Garance Wattez-Richard

Diplômé de la Middle East Technical University, **Hakan Ateş** a commencé sa carrière en 1981 en tant qu'auditeur interne à la banque İşbank. Après avoir travaillé dans différentes unités de l'Interbank de 1986 à 1993, il a été directeur de succursale dans plusieurs régions. Il est nommé vice-président exécutif chargé des affaires financières et des opérations à la Bank Ekspres entre 1994 et 1996 et a dirigé le projet de restructuration de la banque. Il est aujourd'hui CEO de DenizBank Financial Services. Il est également président du conseil d'administration des filiales de DenizBank, Deniz Yatırım Menkul Kıymetler A.Ş., Intertech A.Ş, DenizBank Moscou et DenizBank AG Vienne. Hakan Ateş assumera aussi les fonctions de membre du conseil d'administration d'Emirates NBD Egypt. En 2015, il est lauréat du prix « Ceux qui ajoutent de la valeur à la Turquie », décerné par l'université de Bahçeşehir.

Présentation de DenizBank

DenizBank compte plus de 18,5 millions de clients, dont 1,6 million de clients agricoles en Turquie et est aujourd'hui considérée comme l'une des banques les plus importantes de la région – et même au-delà. C'est aussi l'une des plus innovantes. Depuis sa création, DenizBank a réalisé des investissements très significatifs dans la technologie, la R&D et l'innovation. En 2012, elle a créé le premier département de banque numérique en Turquie. Depuis lors, la banque a mis en œuvre de nombreuses innovations qui sont à la pointe du secteur, dont elle a nommé le premier *Chief Digital Officer* (CDO). Elle a été qualifiée de *« banque la plus innovante du monde »* à plusieurs reprises aux États-Unis et en Europe. DenizBank intègre tous les domaines de contact physique ou numérique avec les clients grâce à sa stratégie hybride phygitale. En juillet 2021, la banque a créé sa filiale nouvelle génération NEOHUB avec Intertech pour société mère, afin de soutenir l'écosystème entrepreneurial de la Turquie.

1. Finance inclusive et assurance inclusive

D. M. : *DenizBank est reconnue pour son approche disruptive du secteur agricole – vous êtes, d'ailleurs, leader sur le marché des petits exploitants. Pouvez-vous nous faire part de la manière dont vous voyez votre rôle dans le soutien au secteur agricole et de votre stratégie pour répondre aux besoins des petits exploitants ?*

Hakan Ateş : Nous avons adopté, chez DenizBank, le principe d'une banque au service de la production et du développement. Nous avons toujours considéré que notre rôle devait être de travailler à l'inclusivité du système financier. Notre responsabilité est donc d'améliorer l'accès aux services financiers des micro-entreprises, des femmes et des PME qui bénéficient souvent moins de ces services, grâce à des instruments financiers appropriés. L'objectif c'est que l'ensemble de la société puisse contribuer au développement économique. C'est pour cela que nous nous sommes attelés à financer les domaines que nous avons désignés comme nos secteurs de spécialité, y compris l'agriculture, où personne n'avait osé s'aventurer jusqu'alors.

Parce qu'elle est au cœur des enjeux de protection de l'équilibre écologique et de réponse aux besoins alimentaires d'une population croissante, l'agriculture est un domaine qui gagne en importance stratégique. Chez DenizBank, nous avons décidé, dès le départ, de poursuivre la mission de la Tarişbank[1], qui avait près de 100 ans d'histoire, en soutenant l'agriculture. Nous sommes donc entrés dans ce secteur – qui représente une part importante de la population et de l'emploi en Turquie –, il y a vingt ans.

Grâce à Tariş, nous avons repris une tradition, profondément ancrée, de financement des activités agricoles, en soutenant l'effort de production et l'efficacité. Au fil du temps, nous avons compris combien il était important de protéger ce secteur, précieux pour l'avenir de notre pays. Pour pouvoir nous mettre au service du plus grand nombre, nous avons veillé à concevoir des instruments financiers adaptés à chaque production agricole, à chaque géographie, à chaque cycle.

Parce que nous avions repéré ce potentiel et cette évolution, et parce que nous y avons investi, nous avons pu changer le regard porté sur les activités financières par ce secteur. Concrètement, nous nous sommes inspirés de modèles similaires, mais en les adaptant pour qu'ils correspondent mieux aux besoins. C'est ainsi que les entreprises agricoles et les agriculteurs ont commencé à devenir

1. DenizBank a acquis la banque turque Tarişbank, institution bancaire créée en 1913 et qui était historiquement spécialisée sur les activités agricoles.

clients de services financiers. La dynamique commerciale qui leur est propre avait enfin été prise en compte dans l'attribution de prêts, et le taux de pénétration bancaire du secteur a augmenté de manière très significative.

Aujourd'hui, nous détenons 38 % des parts de marché en matière de prêts agricole (parmi les banques du secteur privé). Notre réseau comporte 300 agences (contre 29, au départ). Plus nous avons d'agriculteurs parmi nos clients, mieux nous sommes en mesure de comprendre leurs besoins. C'est ce qui nous a permis de mettre au point un modèle dans lequel l'interlocuteur du client (agriculteur) parle sa langue, et qui comprend des équipes sur le terrain pour se déplacer de village en village pour rencontrer les clients.

Nous avons travaillé avec nos équipes Recherche & Développement à accompagner les agriculteurs vers de meilleurs rendements en améliorant l'efficacité de leurs méthodes. Notre système calcule le cadre d'attribution des crédits en fonction des informations liées à la production agricole. Tout cela nous donne un avantage concurrentiel important en matière de technologie : nous pouvons très rapidement mettre à jour notre système et nous adapter.

Comme je le mentionnais précédemment, nous avons toujours considéré que le financement du secteur agricole servait les intérêts nationaux. Nous avons cherché à construire notre propre chemin, avec l'objectif d'avoir un impact sur la vie des agriculteurs que nous accompagnons, et de contribuer au développement du secteur. Nous continuerons à y travailler, avec toujours en tête ce que nous devons à ces terres.

D. M. : *Comment définiriez-vous votre stratégie d'assurance inclusive dans les marchés émergents ?*

G. W.-R. : De notre côté, notre stratégie d'assurance inclusive dans ces marchés émergents repose sur trois dimensions : réinventer notre proposition de valeur avec des produits mieux adaptés ;

s'associer à des partenaires innovants qui peuvent nous aider à atteindre nos clients – DenizBank étant, en effet, un parfait exemple –; et construire une expérience très fluide pour les clients, pour lesquels il s'agit très souvent de la première assurance qu'ils n'aient jamais souscrite.

En Asie, nous sommes présents en Chine, en Indonésie, en Thaïlande et aux Philippines; en Afrique, en Égypte, au Maroc, au Sénégal et au Nigeria; en Amérique latine, au Mexique, en Colombie et au Brésil et, bien sûr, nous opérons en Turquie, même s'il est toujours difficile de dire si la Turquie est une économie développée ou émergente.

Notre stratégie d'assurance inclusive vise à couvrir trois vulnérabilités clés qui constituent des obstacles structurels à l'accès à l'assurance dans les marchés émergents:

- *Les vulnérabilités de revenu,* qui limitent la capacité d'un ménage, d'une micro-entreprise, à payer une assurance, même si elle serait pertinente pour gérer les risques;
- *Les vulnérabilités liées à la situation professionnelle* (la profession ou le statut), qui laissent des vides de protection, car les mécanismes disponibles diffèrent selon les cas (par exemple, entre les travailleurs informels, les travailleurs indépendants, les migrants, les micro-entrepreneurs, les retraités, etc.). Ce sont souvent à la fois la cause et la conséquence des vulnérabilités financières;
- Et, enfin, *les conditions de santé,* notamment les maladies chroniques et mentales, qui sont devenues plus difficiles à soigner et de plus en plus coûteuses à financer, pour tout le monde en général et, par définition, encore plus pour les personnes modestes.

2. Innovation(s) ayant un impact

D. M. *: On parle beaucoup d'innovation à impact. Comment décririez-vous les différentes formes d'innovation nécessaires pour démultiplier l'impact, en particulier pour les petits exploitants agricoles?*

H. A. : Chez DenizBank, l'innovation fait partie de notre ADN. Nous avons toujours voulu que la culture de l'innovation fasse pleinement partie de la culture d'entreprise. La création d'instruments financiers dans des secteurs jusque-là délaissés impose de prendre des risques – mais c'est ainsi que l'on innove. Quand, il y a vingt ans, nous avons commencé à financer l'agriculture, c'était innovant. Nous avons, par exemple, créé « la Carte Producteur », conçue en fonction des besoins des agriculteurs : c'est une innovation qui ne connaît son pareil ailleurs dans le monde *[voir plus bas]* et qui a permis à des centaines de milliers d'agriculteurs d'échapper aux usuriers. Il m'a été dit qu'elle est comparée à la carte American Express, non pas spécifiquement pour ses fonctionnalités mais parce que les agriculteurs partent tous les matins avec elle en poche, le fait qu'elle soit physique et donc tangible suscitant un élément supplémentaire de confiance : « *Don't leave home without it!* » Le développement de notre plateforme numérique, Denizden Toprağa, la plus avancée du secteur agricole, en collaboration avec une start-up, est un autre exemple concret de la façon dont l'innovation est pleinement intégrée dans notre manière de faire.

Mais ce n'est pas tout. Nous investissons aussi fortement dans l'innovation afin d'assurer la durabilité de la production agricole, de réduire les coûts pour les producteurs, d'augmenter l'efficacité et donc les marges de la production agricole. Tous nos produits de prêts sont conçus en prévoyant un paiement annuel au moment de la récolte, car nos agriculteurs n'ont pas de revenus mensuels réguliers et ne génèrent un revenu qu'une fois par an – pendant la période des récoltes. Nous prêtons à des agriculteurs qui produisent plus de 300 cultures différentes, du blé à la canne à sucre, du maïs à la grenade. Et nous ne finançons pas seulement les cultures en elles-mêmes, mais aussi tout type de besoin, de la terre à l'achat d'équipement agricole, de l'agriculture en serre à l'élevage, toujours avec un paiement annuel qui correspond à la période de génération de revenus.

L'innovation passe aussi par la technologie. À travers notre application Denizden Toprağa, que nous avons développée pour soutenir la transformation numérique dans l'agriculture et que nous considérons comme l'un de nos fleurons, nous fournissons des informations sur les cultures, avec des vues satellites, mais aussi des recommandations et des conseils personnalisés. L'application permet de suivre en continu les données météorologiques et les données satellitaires, ce qui rend possible le suivi précis de l'état des cultures et l'envoi d'alertes en cas de risques de gel ou de grêle, par exemple. Tout cela est possible grâce à notre équipe, composée en majorité d'agronomes spécialisés.

Nous avons lancé une fonctionnalité particulièrement innovante et appréciée, qui permet de mettre un ingénieur en contact direct avec l'agriculteur lorsque celui-ci en a besoin. Dans la section *«Ask an Engineer»*, les agriculteurs peuvent directement poser leurs questions à des agronomes, par exemple à propos des maladies et des parasites qu'ils rencontrent, et peuvent bénéficier d'un service de conseil personnalisé. Preuve de son caractère innovant, cette application a remporté la première place dans la catégorie «The Newest Product and Service» lors de l'édition 2017 des EFMA-DMI Awards[1], une récompense très reconnue sur le marché financier international.

Au-delà des innovations technologiques, il s'agit aussi d'un état d'esprit plus général. Il nous faut prendre en compte ces clients et comprendre leurs conditions de vie et de travail. C'est cette considération et cette reconnaissance de nos clients qui nous animent, depuis la conception de nos solutions jusqu'aux détails quotidiens.

C'est pourquoi nous nous sommes toujours attachés à établir avec les agriculteurs un modèle de relation qui va bien au-delà de la

---

1. Les DMI Awards sont un concours prestigieux qui récompense les services financiers les plus innovants au monde. Le principal organisateur du concours est l'EFMA (European Financial Management Association).

relation traditionnelle entre le banquier et le client, et nous avons travaillé très dur pour transformer leurs efforts et leurs valeurs en valeurs de la société.

Grâce à notre siège social, à nos succursales et à nos équipes de terrain dans toute la Turquie, spécialement conçues pour l'agriculture, nous rendons visite à nos agriculteurs de village en village, de ville en ville, afin de leur apporter nos services et nos produits bancaires là où ils se trouvent. Nous avons des agences dédiées et des équipes spécialisées sur l'agriculture dans toutes les régions agricoles. Grâce aux équipes dévouées de nos agences agricoles réparties sur ce vaste réseau, dont la plupart sont des ingénieurs agricoles et/ou des parents d'agriculteurs – et qui comprennent donc leurs besoins –, nous fournissons à la fois des services bancaires et des conseils agricoles aux producteurs et aux entreprises agricoles.

Il est également important pour nous que nos clients se sentent comme des membres de la famille. Pour qu'ils se sentent chez eux dans nos agences, nous organisons des petits déjeuners à certaines périodes. Autre exemple : nous avons installé des canapés dans nos agences pour que les agriculteurs fatigués puissent simplement se reposer pendant qu'ils font la queue.

Nous participons aux festivals locaux ainsi qu'aux célébrations des récoltes, en réunissant, par exemple, nos clients agriculteurs autour des dîners de l'*Iftar* pendant le ramadan.

Nous avons pris toutes ces mesures parce que nous considérons depuis toujours notre relation avec le secteur agricole comme une responsabilité sociale et un devoir national.

D. M. : *Pour développer l'assurance inclusive, vous êtes présents sur de nombreux marchés et avez déjà atteint plus de 14 millions de clients. J'aimerais donc vous poser la même question : Comment décririez-vous les différentes formes d'innovation nécessaires pour faire naître ce marché, et pour obtenir un plus grand impact ?*

G. W.-R. : D'abord, il est essentiel de prendre en compte que dans la plupart des cas dans les marchés émergents, nous travaillons pour des clients qui n'ont jamais été assurés auparavant. Alors que dans les marchés matures nous entrons sur un marché existant, dans les marchés émergents, nous créons vraiment un nouveau marché. Il s'agit là d'une différence significative

Comment faisons-nous ? Pour l'expliquer, j'aime utiliser la « règle des trois A » : nous offrir des produits à la fois *Abordables, Accessibles,* et *Aspirationnels.* J'ai déjà évoqué ce cadre, mais il est tellement essentiel au processus d'innovation que je vais me permettre de le reprendre afin de rentrer dans un peu plus de détails :

• ***Abordables***, c'est-à-dire à un prix adapté, grâce à des produits plus simples. J'insiste : un produit simple, ce n'est pas un petit produit facile, et « micro » ne veut pas dire « mini ». L'erreur classique serait de croire qu'il faut adopter une logique low cost, en réduisant certains coûts en « rétrécissant » nos produits. Nous créons des produits qui sont différents parce qu'ils sont adaptés aux habitudes et aux besoins des clients que nous voulons servir : c'est le meilleur moyen de vraiment leur apporter une valeur ajoutée. Par exemple, nous lançons certains produits sans qu'ils ne contiennent d'exclusion, car calculer le risque individuel serait à la fois trop cher et une barrière psychologique pour nos clients. Donc, nous proposons des produits comme du Hospicash – une assurance hospitalisation qui débloque une somme fixe en cas de nuits passées à l'hôpital – sans exclure personne. Pour éviter les « effets d'aubaine » ou la fraude, qui déséquilibreraient le produit, la première nuit reste à la charge du client. En effet, pas d'exclusion ne veut pas dire que nous n'intégrons pas dans le dessin de ces nouveaux produits des mécanismes qui cherchent, comme les exclusions, à amoindrir la fraude et l'anti-sélection.

• ***Accessibles***, car c'est un marché qui ne fonctionne qu'avec des gros volumes de clients (compte tenu du faible prix). Nous devons donc identifier des réseaux de distribution qui sont à la fois capables de parler à un très grand nombre de clients et dans lesquels ils ont particulièrement confiance. Dans les marchés émergents, les principaux réseaux de distribution sont ceux de nos partenaires : des institutions financières (de microfinance, des banques coopératives, etc.), des réseaux de services financiers, mobiles ou non (*« e-wallets »*, réseaux de transferts d'argent, bureaux de prêteurs sur gage, distributeurs de billets, etc.), des plateformes d'e-commerce, des bureaux de poste, des opérateurs téléphoniques, des coopératives agricoles, des chaînes de magasins, etc. DenizBank est un exemple parlant.

• ***Aspirationnels***, parce qu'on ne se positionne pas comme « low cost », mais plutôt comme une offre premium et adaptée aux besoins. En fait, on ne parle jamais de « micro-assurance » parce que c'est un terme qui est souvent égalé à l'assurance des microcrédits, mais surtout parce que le terme « micro » ne reflète pas notre ambition. On préfère parler de « clients émergents », parce que les clients auxquels on parle détestent se voir offrir des produits « pour les pauvres ». Et très souvent, le terme « micro-assurance » les conduit à penser que nous voulons leur proposer des produits bon marché. Au contraire, c'est précisément parce qu'ils sont dans une logique d'ascension économique qu'ils vont s'orienter vers des produits qui sont de qualité même si plus abordables.

C'est en matière de santé qu'il faut innover le plus. Pour nous, la santé est une préoccupation majeure. AXA EssentiALL propose des solutions d'assurance inclusives et innovantes dans 14 pays émergents à plus de 14 millions de clients, dont 25 % sont couverts par une assurance santé.

S'il y a deux choses à retenir en ce qui concerne la santé dans les marchés émergents, c'est que, quelque que soit le niveau de revenus de la personne, les comportements en matière de santé et d'accès aux soins sont très différents que dans les pays matures.

Dans de nombreux marchés émergents, les soins de santé basiques de bonne qualité sont souvent coûteux et encore plus difficiles d'accès pour les communautés à plus faibles revenus. On estime que 2 milliards de personnes continuent d'être confrontées à des dépenses de santé qui conduisent à les appauvrir de manière massive. Les hospitalisations et les événements ponctuels graves et coûteux ne sont pas les seuls en cause : il est prouvé que des dépenses fréquentes (et même moins importantes) pour des soins ambulatoires représentent également un lourd fardeau. Même les patients bénéficiant de la couverture maladie universelle doivent souvent faire face à des coûts élevés pour leurs médicaments et examens. Trop souvent, ils reportent les soins ou s'en remettent à des conseils informels. En plus, des soins de santé de mauvaise qualité, avec des diagnostics erronés, des orientations incorrectes et des mauvais conseils médicaux entraînent des coûts plus élevés, car les patients doivent consulter plusieurs médecins et essayer plusieurs médicaments ou traitements avant d'obtenir un diagnostic correct.

Nous avons notre rôle à jouer pour relever ces défis, au moins en partie en partenariat avec le secteur public, grâce à des solutions innovantes qui font progresser la couverture sanitaire universelle et l'équité en matière de santé. Nous développons une série d'innovations pour 1) renforcer notre capacité à regrouper les clients difficiles à atteindre, 2) venir en complément de ce qui est déjà pris en charge et 3) tester les innovations de l'écosystème de santé, et dans ce cas en partenariat étroit avec le secteur public.

Des produits d'assurance santé bien conçus peuvent constituer un complément important aux programmes d'assurance maladie publics. En Égypte, par exemple, notre produit d'assurance santé proposé par notre partenaire de microfinance, la *Lead Foundation,* offre une couverture d'hospitalisation à faible coût, y compris en cas de maternité et quelles que soient les conditions préexistantes, et ce dès le jour où le client s'inscrit.

Notre travail en Chine en est un autre exemple. Nous faisons partie, depuis 2020, de l'un des premiers partenariats public-privé, avec le gouvernement municipal de Pékin, offrant une protection complémentaire en matière de santé. Nous sommes aussi associés à plusieurs autorités locales pour couvrir le reste à charge sur les frais d'hospitalisation, les médicaments et les frais liés aux maladies préexistantes, ainsi que des services additionnels tels que la télémédecine et la gestion des maladies chroniques. AXA et d'autres compagnies d'assurances ont couvert 140 millions de citoyens chinois en 2022 grâce à ce type de programmes.

Mais les produits d'assurance ne suffisent pas, à eux seuls, à lever les obstacles à l'accès aux soins. L'objectif est d'améliorer les réflexes d'accès aux soins, en rendant accessibles des soins basiques de qualité et standardisés. Pour relever ce défi, nous commençons à travailler avec une dizaine des services de santé en ligne, depuis 2020, utilisés aujourd'hui par plus de la moitié de nos bénéficiaires d'une assurance santé. Ces services offrent des soins de qualité pour un coût beaucoup moins élevé que les soins basiques traditionnels. Mais l'expérience a montré les limites de ces services en ligne, de nombreux clients n'étant pas encore tout à fait à l'aise avec le numérique. C'est pour cela que nous avons introduit des services de santé hybrides, à la fois numériques et physiques, qui conservent une grande partie de l'efficacité des services numériques tout en gardant un interlocuteur physique ou au moins au téléphone dans le processus. Nous avons construit des partenariats avec des réseaux de prestataires de soins primaires de base hybrides: des centres de santé communautaires, des infirmières qui se déplacent de village en village, parfois avec des généralistes, et qui sont équipés d'un accès virtuel à des médecins généralistes et spécialistes. Nous sommes convaincus que ce modèle pourrait déverrouiller l'accès aux soins, en permettant des soins de base à la fois de qualité et moins coûteux.

D. M.: *Comment l'assurance, chez DenizBank, s'intègre-t-elle dans votre vision de l'inclusion financière?*

H. A.: Nous ne nous concentrons pas seulement sur les besoins financiers actuels de nos clients mais aussi sur les risques susceptibles de survenir dans le futur, en proposant des produits d'assurance-vie et IARD[1]. Nous collaborons avec deux géants mondiaux : AXA pour les assurances IARD, et MetLife pour les assurances-vie et l'assurance retraite – en qualité d'agent exclusif.

En fait, nous sommes en mesure de couvrir tout type de risque avec nos produits : l'assurance-vie, l'assurance accident personnel, l'assurance automobile, l'assurance habitation, l'assurance des biens, le Turkish Catastrophe Insurance Pool (TCIP), l'assurance santé, l'assurance agricole, l'assurance incendie industriel.

Lors du tremblement de terre de Kahramanmaraş qui s'est produit le 6 février 2023, grâce au niveau élevé d'assurance dans la région, notre population a pu compenser ses pertes matérielles, ce dont nous nous réjouissons.

Pour le secteur de l'agriculture, nous veillons à assurer à la fois les risques individuels et les risques découlant des activités agricoles de nos producteurs. C'est un secteur qui, par nature, comporte un large éventail de risques : sécheresse, gel, grêle, inondations, incendies, maladies animales, etc. Les effets néfastes du changement climatique rendent ces risques encore plus présents.

Chez DenizBank, nous travaillons à sensibiliser le public à l'intérêt que chacun a à être assuré, pour que les activités agricoles puissent être vraiment sécurisées. Depuis quelques années, les producteurs s'assurent de plus en plus. Cela leur permet, par exemple, de compenser les pertes lorsque les abricots sont trop précoces et donc sujets aux gelées de printemps. Nous facilitons l'accès de nos producteurs à l'assurance agricole (Tarsim) rapidement et sans avoir à payer dès le départ ; ils peuvent payer leur prime d'assurance Tarsim une fois par an, au moment de la récolte, en passant une instruction de paiement automatique.

---

1. Les assurances-non-vie ou IARD (incendies, accidents et risques divers) couvrent *le patrimoine* des personnes physiques et morales en indemnisant des sinistres ayant causé des *pertes matérielles* ou immatérielles.

3. Comprendre les clients

D. M. : *Vous avez effectué de nombreuses recherches pour mieux comprendre les clients, en particulier, les petits exploitants agricoles. Pouvez-vous nous faire part de certains éléments clés et des fonctionnalités spécifiques que vous avez créées ensuite? Pouvez-vous nous parler, par exemple, de la « Carte Producteur », que vous évoquiez plus haut?*

H. A. : La « Carte Producteur » est la plus importante innovation financière conçue jusqu'à présent dans le secteur agricole en Turquie. Elle permet de financer la production agricole plutôt que l'accès à la consommation. Il s'agit d'un système qui permet aussi aux producteurs d'acheter tous les intrants agricoles qu'ils utilisent pour leurs productions tels que le gaz, les engrais, les traitements, les semences, les aliments pour animaux, ou leur matériel. Ce qui est différent, c'est qu'ils peuvent le faire bien qu'ils n'aient pas de revenu mensuel régulier: ils paient au moment de la récolte. Il est également possible d'effectuer des paiements mensuels pour les primes du système de sécurité sociale, l'électricité, l'eau, le forfait téléphonique, etc., en plusieurs versements, toujours par le biais de la « Carte Producteur ».

Comme je l'ai mentionné précédemment, notre objectif est de mieux comprendre nos fermiers et pêcheurs, et de concevoir des produits qui sont particulièrement adaptés. Dans cette optique, nous avons mené une recherche sur le terrain en 2018, avec la participation d'anthropologues sociaux. L'un des résultats marquants de cette recherche est une lourde conséquence de la mécanisation : les femmes ont été exclues, et cela a aussi impacté la jeunesse. Nous savons que les jeunes d'aujourd'hui ne considèrent pas l'agriculture comme une profession attractive, et s'orientent souvent vers d'autres professions, même s'ils gagnent moins d'argent, et ceci n'est pas aidé par la situation précaire des femmes. Nous considérons qu'il est de notre responsabilité d'inverser cette situation, qui affecte négativement le tissu social de nos villages. Il faut donc augmenter l'appétit des jeunes pour faire perdurer l'activité agricole, et le faire collectivement, avec l'ensemble des parties prenantes.

D. M. *: Avez-vous une approche dédiée à l'inclusion des femmes? Comment abordez-vous la question du genre?*

H. A. : Le maintien et l'amélioration des conditions de vie des femmes en Turquie figurent parmi les questions sur lesquelles nous mettons l'accent. Nous nous intéressons notamment aux entreprises familiales tenues par des femmes, nous sommes conscients du rôle actif qu'elles jouent dans l'agriculture en termes de continuité de la production agricole dans les villages.

De l'ensemble des secteurs, c'est l'agriculture qui a le taux d'emploi féminin le plus élevé de Turquie, avec 42 % de femmes. Comme nos recherches l'ont également montré, en raison de la mécanisation, la majorité de la main-d'œuvre féminine a été exclue. Mais, aujourd'hui, la numérisation est en train de permettre aux femmes de revenir, de plus en plus, dans le secteur. Elles jouent souvent un rôle actif dans la commercialisation des produits, la recherche de nouveaux marchés et le marketing, en utilisant les coopératives pour s'adresser à une clientèle plus large. Nous tenons à donner la priorité aux agricultrices et aux coopératives qui réunissent des femmes, dans l'ensemble des dépôts de demandes. Nous appliquons une forme de discrimination positive, et, au-delà du soutien en termes de financement, nous apportons tout le support possible pour accompagner le marketing et le volet commercial.

Nous avons aussi proposé des prêts à nos agricultrices par l'intermédiaire d'institutions financières internationales. Pour soutenir les cycles de vie économique des entreprises tenues par des femmes, nous sommes la première banque du secteur à avoir signé un protocole TurWIB (Turkey Women in Business[1]) en obtenant des fonds de la Banque européenne pour la reconstruction et le développement.

***D. M. :** Avez-vous développé une approche spécifique pour les femmes chez AXA ?*

G. W.-R. : C'est un fait : les besoins des femmes en matière d'assurance sont trop souvent oubliés. En 2014, j'ai travaillé à la publication du rapport « SheForShield[2] » en collaboration avec l'IFC et Accenture, rapport dont les conclusions sont fondées sur de la recherche académique et de nombreux entretiens sur le terrain. En conduisant ces recherches, nous avons fait un constat clair : les attentes des femmes sont spécifiques, quels que soient leurs revenus, leur métier, leur localisation géographique. Pourtant, les offres d'assurance ne tiennent que très rarement compte de leurs attentes. Soyons clairs, je parle ici de femmes en tant que femmes mais aussi en tant que preneuses de décision, en tant que propriétaires de patrimoine, en tant que gestionnaires de la protection complète de leurs foyers. En effet, ce n'est pas seulement une question de risques auxquels elles font face, mais aussi une question d'approche : elles sont en charge des soins pour toute la famille, et sont très attachées à l'avenir de leurs enfants et de leurs parents C'est aussi une question de positionnement dans la société : il est souvent dit, à tort, que les femmes sont plus averses au risque, qu'elles fraudent

1. L'objectif de « Turkey Women in Business » (TurWiB) est de s'attaquer aux obstacles à la croissance de PME dirigées par des femmes en Turquie, ainsi que d'améliorer leur accès au savoir-faire et aux compétences. Ce programme permet un accès au financement par le biais de lignes de crédit aux banques locales dédiées aux PME dirigées par des femmes, ainsi que des conseils commerciaux pour aider les entreprises à devenir plus compétitives.

2. Voir note n° 1.

moins, qu'elles sont plus loyales. Notre recherche a conduit à des conclusions qui renversent ces croyances. Les chiffres qui semblent confirmer ces convictions sont, en réalité, biaisés par un facteur essentiel : elles n'ont pas le temps. Pas le temps de frauder, pas le temps de changer de fournisseur de produits et services financiers (ou de produits et services, tout court), pas le temps de s'informer mieux pour prendre des risques mieux définis. Elles sont le « segment sandwich » et ont comme spécificité qu'elles voient la vie comme un cycle – alors que les hommes en ont une approche plus linéaire – et qu'elles font fondamentalement confiance aux recommandations des autres femmes. Tout ceci impacte la nature des risques auxquels elles sont confrontées ainsi que leur façon de les appréhender.

Zoomons sur la protection inclusive, c'est-à-dire les femmes qui appartiennent à la classe moyenne basse. Un exemple : dans un programme que nous avons construit avec la Lead Foundation[1] en Égypte, nous avons constaté que les femmes clientes de cette institution de microfinance étaient moins éduquées que les hommes, étaient davantage dans l'économie informelle, et gagnaient moins qu'eux. Malgré ces difficultés, elles parviennent paradoxalement à épargner davantage : elles n'ont, en réalité, pas le choix, elles doivent anticiper. Nous avons donc développé un produit adapté, en complétant leur assurance-crédit avec une assurance hospitalisation, qu'elles ont la possibilité d'étendre à toute la famille.

Une autre de nos responsabilités, c'est de mieux accompagner les femmes entrepreneuses. Plus d'un tiers des entrepreneurs dans le monde sont des femmes, mais elles font encore face à bien trop d'obstacles, dans les marchés matures comme dans les marchés émergents. Souvent, c'est dû à des biais, conscients ou non, et au

1. Lead est une organisation sociale qui fournit aux femmes, notamment micro-entrepreneuses un accès aux services de microfinance de qualité répondant à leurs besoins, et qui vise à renforcer leurs capacités.

fait que nous sommes toutes et tous dans des systèmes créés par *et* pour les hommes.

En cassant ces barrières, qu'elles soient financières, culturelles, liées aux risques, etc., nous pourrons assurer aux femmes entrepreneuses la même liberté dont bénéficient les hommes pour faire ce que les entrepreneurs font le mieux: innover, créer de l'emploi, soutenir le progrès à la fois économique et social. Cela, nous ne pouvons le faire qu'ensemble, secteur privé et secteur public, avec le secteur associatif.

4. Tirer parti de la transformation numérique

D. M.: *Vous êtes l'un des leaders de la banque numérique: quel rôle joue la transformation numérique pour améliorer l'inclusion financière?*

H. A.: Nous nous sommes positionnés comme un intermédiaire entre l'homme et la technologie. Pour nous, «celui qui est agile, survit» et, comme condition préalable, nous nous sommes efforcés non seulement de nous adapter à l'évolution technologique, mais aussi de la développer nous-mêmes. Nous avons toujours eu une approche innovante, cherché des réponses aux questions «Que veut le client?», «À quelle population devrions-nous apporter quels services?». Partant du principe que les données sont le pétrole de notre temps, nous avons créé, il y a cinq ans la première équipe de *data scientists*[1] dans notre secteur. Aujourd'hui, nous poursuivons cette démarche en utilisant l'expertise de nos 204 *data scientists* pour fournir des services toujours plus en direct et toujours plus

1. Spécialiste de la «Data Science» ou science des données, le *data scientist* est un expert des statistiques, de l'informatique et du marketing. Il recueille, traite, analyse et fait parler des données massives et brutes, dans le but d'améliorer les performances d'une entreprise.

personnalisés à nos clients. Nous utilisons aussi la science des données pour offrir nos solutions au bon segment de clientèle dans l'agriculture, domaine où il est extrêmement important d'adapter les moments de paiement en fonction du cycle de production de chaque agriculteur, dans tous nos secteurs de niche. Par ailleurs, il est très important, pour nous, de contribuer à accélérer la transformation numérique dans l'agriculture. C'est, d'ailleurs, le principal objectif de NEOHUB, notre nouvelle filiale.

L'agriculture intelligente permet d'augmenter l'efficacité par unité de surface, en évitant la perte de ressources naturelles telles que l'eau et la terre en raison d'une utilisation excessive d'intrants, par exemple. Le prêt pour les technologies agricoles que nous proposons exclusivement dans ce domaine permet à nos agriculteurs d'acheter du matériel, tel que des capteurs, des dispositifs de suivi, des applications de drones, des systèmes de suivi par satellite et leurs services connectés. Ces prêts nous permettent aussi indirectement de fournir un soutien financier à des jeunes entreprises dans ce domaine; nous discutons aussi avec elles de la possibilité d'investir.

La production agricole, en s'éloignant des méthodes à forte intensité de main-d'œuvre grâce à une meilleure efficacité, tout cela grâce à l'utilisation de la technologie, rend l'activité plus attrayante pour les jeunes producteurs et permet une meilleure inclusivité financière.

***D. M.:** quel est le rôle du numérique dans la stratégie d'AXA?*

G. W.-R.: Dans notre stratégie, le numérique est un levier extraordinaire pour accélérer l'accès aux services financiers formels: il facilite la distribution de produits d'assurance jusque dans la poche de chacun, il permet aussi la numérisation des paiements (primes et sinistres) et la possibilité de déclarer un sinistre peu importe où l'on se trouve. Les technologies numériques jouent également un rôle important dans l'amélioration des programmes de sensibilisation, en matière de prévention des risques et de capacité d'alerte (climat, santé...). Elles fournissent l'accès à des services complémentaires comme la téléconsultation, par exemple. Les technologies élargissent cet accès aux services, facilitent l'adhésion, accélèrent les processus opérationnels et les rendent plus sûrs, rendant ainsi l'activité possible même avec des primes minimes.

Si vous pensez à « la règle des 3A » que j'ai déjà mentionnée précédemment, la technologie est essentielle. C'est ce qui rend possible un service ou un produit plus abordable, plus accessible et plus aspirationnel – que sans.

Ce n'est pas pour autant qu'il faut sous-estimer le besoin de contact humain. Je l'ai souligné plus haut en ce concerne la santé et la télémédecine, mais cela reste vrai pour tous les risques couverts. Notre défi est donc de toujours combiner le numérique et le physique – dans une logique d'équilibre *phygital*, comme on dit maintenant – pour créer des expériences et des parcours clients vraiment adaptés aux attentes de chacun.

5. Les partenariats

D. M. : *On parle beaucoup des partenariats comme un moyen de parvenir à l'inclusion financière. Quelle est votre stratégie en termes de partenariats avec AXA et comment pouvez-vous construire des partenariats solides ?*

H. A. : Chez DenizBank et AXA Türkiye, nous nous intéressons à de nombreuses questions communes, bien au-delà des indicateurs de performance financière. Nous partageons des valeurs identiques sur des sujets tels que le réchauffement climatique, les femmes entrepreneuses, les clients émergents, etc. Ces intérêts partagés permettent à deux entreprises distinctes de poursuivre des missions communes.

Un des problèmes majeurs du secteur agricole, c'est le vieillissement de la population. Dans le système d'assurance, les personnes âgées de plus de 70 ans ne sont souvent pas assurées. Avec la coopération d'AXA, DenizBank travaille sur des produits adaptés aux modèles de production et à l'âge des agriculteurs, sécurisant ainsi à la fois leurs produits et leurs prêts.

Avec l'assurance «*Farmer Health is OK*», nous donnons à nos agriculteurs la possibilité de bénéficier de services de santé dans des hôpitaux privés. Avec l'assurance «*My Farm is Safe*», nous protégeons leurs entreprises agricoles. Avec le dispositif «*Farmer Protection*», nous couvrons les sinistres que nos agriculteurs peuvent subir en raison de la perte ou du vol de leurs cartes bancaires, portefeuilles ou pièces d'identité. En outre, la réparation des tracteurs, leur remorquage, les pièces de rechange à prix réduit, les traitements ou engrais à prix réduit et le conseil agricole sont d'autres services que nous fournissons aux agriculteurs titulaires d'une police d'assurance par l'intermédiaire d'institutions sous contrat.

Les agriculteurs ont un travail particulièrement physique, qu'ils effectuent dans des conditions difficiles. Malheureusement, l'accès à des services de santé de qualité pour les populations rurales n'est pas facile et souvent même pas possible. Grâce à notre partenariat, nous offrons un accès à distance aux services de santé 24 heures sur 24 et 7 jours sur 7 par le biais de l'application AXAFit et de l'assurance santé complémentaire personnalisée pour nos agriculteurs. Notre projet de camion mobile, que nous menons en coopération avec AXA et Leader Farmer Project, permettra aussi à nos agriculteurs d'avoir accès à un examen de santé, mais aussi à une formation financière de base.

G. W.-R. : L'accès aux produits financiers ou aux produits d'assurance est très difficile pour les agriculteurs, les particuliers et les familles dans les zones rurales. Le réseau d'agences de DenizBank nous permet d'atteindre des personnes que même les banques publiques ne peuvent pas atteindre. Chez AXA Türkiye, nous nous efforçons d'utiliser ce réseau aussi efficacement que possible. Environ 34 % de nos 620 000 polices dans le circuit bancaire sont obtenues par le biais de la banque agricole, nos clients agricoles constituant 25 % de notre base totale de clients. Le taux moyen de produits par client est de 1,9 dans le canal agricole, contre 1,4 pour l'ensemble de nos clients.

III | PASSAGE À L'ÉCHELLE

LES CONDITIONS POUR RÉUSSIR

La question de l'échelle et comment l'atteindre est au cœur des stratégies d'inclusion. Il s'agit d'éviter, d'une part, une logique de saupoudrage, voire la multiplication de pilotes, qui nuit à la fois à l'efficacité des stratégies mises en œuvre, que ce soit du point de vue de leur rentabilité ou de leur impact, mais aussi à leur crédibilité. Et, d'autre part, de rechercher le Graal, un seul modèle, réplicable partout, qui fait fi des frontières et des segments, des canaux de distribution et des réglementations, des histoires et des cultures. Ou peut-être quelques Graals. En tout cas, d'éviter de ne faire que du cas par cas, pays par pays, segment par segment, réseau par réseau.

La première condition de réussite est paradoxalement de bien s'entendre sur le processus de passage à l'échelle. Le nombre de personnes à couvrir est, certes, considérable mais il n'existe pas *UN* marché du « bas de la pyramide ». Cette expression, popularisée par C. K. Prahalad il y a déjà vingt ans, a été à la fois extrêmement utile mais aussi confusante. Utile, car elle a permis de mettre en lumière un segment de la population très souvent négligé par le secteur privé alors qu'il mérite, au contraire, son attention. Confusante, car elle part de l'hypothèse d'un marché sur lequel une initiative réussie peut passer à l'échelle pour des centaines de millions de personnes. Ce qui n'est pas le cas. Il s'agit donc de trouver un équilibre entre la multiplication des logiques locales – correspondant à la *multitude de marchés* à construire – et la capacité à créer quelques grands partenariats à vocation plus large. Le passage à l'échelle suit davantage une logique d'archipel, avec quelques grosses îles.

Ce n'est pas tout. Le passage à l'échelle dépasse le simple enjeu de la réussite opérationnelle. Il répond aussi au défi de l'urgence. Nous l'avons évoqué en première partie de cet ouvrage : le nombre de personnes concernées par une trop faible protection des risques est gigantesque. On parle, en effet, de la majorité du Sud global, plus des deux tiers de la population, et d'un nombre croissant de personnes dans le Nord, environ un quart, tendant vers le tiers.

À ce titre, il nous faut réfléchir de la même manière que pour le changement climatique : il y a urgence ! Si l'on veut éviter un monde de tensions sociales explosives, où les jeunes générations se retrouvent sans moyens concrets pour construire leur avenir et se protéger contre les aléas de la vie, où les plus âgés ne peuvent plus trouver de solutions aux situations de dépendance et où finalement le moindre accident de la vie nous renvoie à la précarité, il nous faut agir à grande échelle et… vite. Il s'agit donc à la fois d'ampleur mais également de rythme. Comme disent les anglophones, c'est une *« burning platform »*.

Une fois cette vision paradoxale posée – à la fois l'urgence de la situation et la patience de créer des modèles adaptés localement –, on peut plus facilement dégager des pistes de solutions, comme en témoignent les échanges avec Dr Sharif Farouk, président de l'Egypt Post (La Poste égyptienne), lors de l'entretien, récemment nommé Ministre de l'Offre et du Commerce Intérieur, et Shamina Singh, fondatrice et présidente du Mastercard Center for Inclusive Growth.

Le premier axe est naturellement le partenariat, l'alliance, par exemple, pour relever très concrètement le défi de la distribution et du dernier kilomètre, défi qui est peut-être le plus important à relever en ce qui concerne l'inclusion financière.

Le cas de La Poste égyptienne est ici particulièrement éclairant : il s'agit de construire, sur les bases d'un réseau physique d'hyper-proximité et d'hyper-confiance, un système de distribution d'assurance, en particulier, de services financiers et autres, en général, au dernier kilomètre capable de toucher immédiatement la grande majorité des Égyptiens. Ces alliances sont indispensables.

Mais elles exigent également une capacité, à la fois entre partenaires et au sein des organisations, de casser les traditionnels silos. Silos qui se creusent entre des organisations de différentes natures (ONG, secteur privé, fondations, institutions publiques) ; au sein des organisations entre différentes fonctions (distribution, finance, innovation) ; entre des espaces différents (physique, numérique) ; voire entre cultures (start-up, entreprises multinationales, administrations, multilatéraux). Les partenariats ou alliances ne visent pas à hybrider tout cela, chaque type d'organisation, de fonction, d'espace ou de culture a sa propre raison d'être. Mais à les faire interagir plus intelligemment. Il y a ici une forme d'art du partenariat, au sens d'une posture et d'un état d'esprit qu'il s'agit de savoir cultiver. Le *Chief Impact Officer* doit bien souvent être un *Chief Partnership Officer*. C'est l'une des précieuses leçons qu'évoque Dr Farouk.

Il s'agit, enfin, au sein même des grandes entreprises qui s'attellent à cette tâche, de créer les conditions en interne pour l'échelle. Il y a, de ce point de vue, sans doute des leçons à apprendre de l'inclusion des femmes dans le monde des services financiers, mais je vais, pour une fois, éviter de digresser pour en revenir au point initial, la question du passage à l'échelle qui est aussi et beaucoup un enjeu *interne* qui rejoint largement la même nécessité de casser les silos. Il s'agit, à cet égard, pour les « intrapreneurs à impact » d'articuler deux dimensions : concevoir, dans une logique de *test & learn*, des réussites opérationnelles, tout en diffusant constamment et plus largement au sein de l'organisation la culture et la vision de l'inclusion. Sans réussites opérationnelles, il ne saurait y avoir de transformation concrète, mais la seule dimension opérationnelle ne suffit pas: il est essentiel de systématiquement mettre en perspective les réussites concrètes pour mieux les diffuser et démultiplier l'énergie de l'entreprise sur le sujet.

Une vision plus large fondée sur une théorie du changement qui peut aussi entraîner l'ensemble de l'organisation est indispensable. Shamina Singh le montre avec beaucoup de force: l'articulation de trois missions – Insights-Impact-Influence –, au service d'une théorie du changement axée autour de *l'accès aux réseaux pour tous,* est au cœur du passage à l'échelle. Car c'est en proposant une mission qui raisonne largement en interne qu'on peut aussi inciter d'autres entités internes à développer des modèles similaires.

En d'autres termes, AXA EssentiALL contribue aussi à faire en sorte – en le faisant avec elle et en donnant une direction générale, exprimée par le biais d'une seule voix, forte – que les entités AXA dans les pays concernés conçoivent et mettent en œuvre des modèles plus inclusifs. Nous devons à la fois développer nos opérations pour montrer que cela peut fonctionner tout en étant une plateforme interne.

Dans ce cadre, les entreprises comme la nôtre cherchent à créer une dynamique vertueuse entre plusieurs dimensions: bien sûr, multiplier des initiatives concrètes pour toucher un maximum de clients, mais aussi se placer immédiatement dans une logique de transformation plus large. D'une part, en diffusant largement en interne une culture de l'innovation à impact à travers la sensibilisation et la formation, et encore plus largement, en contribuant à faire de l'inclusion un vecteur fort de leadership et de fierté interne.

Business, innovation et *leadership* doivent, en d'autres termes, être impérativement liés en interne pour espérer passer à l'échelle les stratégies d'inclusion.

CRÉER DES PARTENARIATS FORTS ENTRE ASSUREURS ET ENTREPRISES DE SERVICES COLLECTIFS POUR DÉVERROUILLER LE DERNIER KILOMÈTRE

Entretien avec Dr Sharif Farouk et Garance Wattez-Richard

Sharif Farouk est aujourd'hui le président d'Egypt Post (La Poste égyptienne), fort de son expérience acquise lors de ses précédentes fonctions à la direction générale de la Nasser Social Bank-Egypt, à l'Egyptian Gulf Bank et à l'Egyptian American Bank. Il est titulaire d'un doctorat en administration des affaires et en gestion de l'université Ain Shams.

Présentation d'Egypt Post

Fondée en 1865, La Poste égyptienne est la plus ancienne et l'une des plus importantes institutions nationales, et fournit des services à la fois financiers et postaux en Égypte. Avec plus de 150 ans d'existence, à travers un large portefeuille de services et de produits, elle fait partie de la vie de toutes les familles égyptiennes. Qui plus est, au-delà des frontières du pays; La Poste égyptienne a développé un réseau de relations à travers tout le continent, plus spécifiquement à travers des Postes africaines et

arabes. Son activité repose sur trois piliers : les services financiers, la logistique, et les services gouvernementaux.
En matière de services financiers, Egypt Post sert de *hub* entre les particuliers, les activités bancaires de détail, en général, et les comptes d'épargne, en particulier. Elle compte 25 millions de clients réguliers et est répartie sur l'ensemble du territoire égyptien, avec 4 300 agences présentes dans toutes les régions. La Poste égyptienne a aussi une activité importante en matière de transfert d'argent, avec un million de clients par jour.
Le deuxième pilier est celui de la logistique, incarnée par les services postaux traditionnels. Il a trouvé sa force dans sa stabilité, sa fiabilité et la confiance qu'il inspire depuis des décennies, mais il a aussi eu l'agilité, ces dernières années, de s'adapter à la réalité en développant un centre de commerce électronique pour compléter son approche traditionnelle et physique, et ainsi être en mesure d'avoir une offre comparable à celle d'Amazon et d'autres places de marché qui commencent à ou prévoient d'opérer en Égypte.
Enfin, dernier pilier, l'Autorité postale nationale qui est chargée de collaborer avec les opérateurs logistiques du secteur privé et de leur délivrer des licences d'exploitation en Égypte, ainsi que de contrôler la qualité du service de toutes les entreprises travaillant en Égypte, tant au niveau local qu'international.

***D. M. :** Compte tenu de la transformation des services postaux dans de nombreux pays, comment La Poste égyptienne a-t-elle diversifié ses activités au cours des dernières années ?*

Dr Sharif Farouk : Nous sommes tous conscients que la digitalisation, en particulier, et la transformation, en général, indispensables à un réseau comme celui de La Poste, sont des processus que nous devons entamer sans nécessairement savoir à quoi ressemblera le résultat final – ni quand il sera atteint. Enfin, en tout cas, pas précisément. Tout ce que nous savons, c'est que toute transformation sera composée à des degrés différents d'éléments digitaux. Autrefois, on disait toujours qu'on ne pouvait pas se développer, améliorer ou perfectionner quelque chose sans avoir la capacité d'avoir des indicateurs de mesure précis qui reflétaient l'objectif et le chemin à parcourir.

Nous ne pensons donc jamais que notre travail est terminé et nous sommes parfaitement conscients du besoin permanent de connecter de nouvelles applications à nos systèmes existants. Notre nouvelle application appelée *Wassalha* en est un exemple éloquent. Elle permet à chacun de suivre ses colis, de payer avec sa carte de débit de La Poste égyptienne, etc. Cela paraît simple, mais c'est une vraie évolution. Autre exemple : notre application *Yalla Super* qui répond à tous les besoins financiers et non financiers quotidiens, depuis l'envoi et la réception d'argent jusqu'au paiement des commerces en ligne et hors ligne et aux commandes en ligne de tous les besoins quotidiens.

Nous avançons donc selon une approche à deux volets. D'une part, nous améliorons nos systèmes existants, par exemple, en recueillant des informations, en nettoyant nos bases de données, ou en améliorant toutes les applications existantes. D'autre part, nous développons des services supplémentaires sur des applications distinctes et nous les relions entre elles.

Enfin, l'autre dimension de nos activités, c'est l'investissement. Nous ne pouvons pas prêter de l'argent à nos clients, mais seulement collecter leurs dépôts. C'est pour cela que l'investissement est clé dans notre équation économique. Notre activité d'investissement est gérée par Post For Investment (PFI), la plus grande banque d'investissement d'Égypte. Nous gérons un portefeuille de près de 6 milliards de livres égyptiennes. PFI est notre bras armé en la matière : nous avons investi dans 13 entreprises de divers secteurs allant de la microfinance au crédit à la consommation, en passant par le transfert d'argent. Ce sera le véhicule par lequel, grâce à AXA, nous pourrons bientôt, je l'espère, proposer des services de micro-assurance. Notre projet est donc d'avoir Egypt Post comme plateforme pour tous les services bancaires et PFI pour les services financiers non bancaires. Nous pouvons ainsi combiner chacun des services dans lesquels nous investissons (microfinance ou micro-assurance, par exemple) et nos activités traditionnelles. Cela sera très utile, car l'ajout de l'assurance ne se fera pas de manière séquentielle mais simultanément. Nous pourrons mieux nous protéger contre les risques associés aux autres services que nous offrons, ce qui nous permettra de compléter et de clôturer notre cycle d'inclusion financière.

D. M. : *pouvez-vous nous faire part de votre vision de la distribution, de l'évolution des réseaux de distribution et des enjeux pour AXA en termes d'identification des distributeurs et de passage à l'échelle ?*

G. W.-R. : En termes d'identification des réseaux de distribution et de passage à l'échelle, pour AXA, les enjeux sont énormes. Je suis convaincue qu'on ne peut être, devenir, ou rester un leader du XXIe siècle que si l'on sait comment s'adresser aux marchés de masse du monde entier. Plus précisément, que si l'on sait comment les atteindre par le biais de canaux dans lesquels ils ont confiance.

La distribution est un élément absolument essentiel dans notre secteur, et c'est encore plus vrai pour l'assurance inclusive, car elle repose sur l'utilisation de réseaux existants et de confiance qui ont déjà pénétré leur marché. La distribution est également l'élément qui permet de passer à l'échelle, et donc de créer à la fois de la valeur économique et sociale. Il est, par conséquent, stratégique de savoir comment construire des partenariats de distribution solides et durables.

La première condition, c'est d'avoir la même conviction, la même vision. Nos distributeurs partenaires doivent être réellement convaincus, et cela commence par leur direction générale. Le leader de l'organisation partenaire doit avoir développé une philosophie personnelle et professionnelle en la matière, qui peut évidemment être très différente d'une personne à l'autre. À nouveau, ceci peut paraître évident, mais c'est un critère de sélection qui peut parfois créer des tensions : si les équipes en dessous sont convaincues, si l'opportunité de protéger des populations qui en ont besoin se présente, pourquoi ne pas avancer, même si le dirigeant n'est pas foncièrement convaincu ? Parce qu'il y aura toujours un *make or break moment*, un choix difficile à faire, et son fondement sera nécessairement une conviction. Ce n'est pas à dire que nous excluons complètement les partenaires de distribution dont les patrons ne sont pas motivés par ce segment de leur population. Mais ce n'est pas avec eux que nous innovons, cherchons à prouver et à atteindre une certaine échelle en premier. Et comme c'est un segment auprès duquel il y a beaucoup de valeur à être *first mover*, il y a une forme de cohérence, finalement : la récompense de la conviction et de la vision.

La deuxième condition, toute aussi fondamentale, c'est l'alignement stratégique. Nous appelons nos distributeurs partenaires des *partenaires* parce que nous cherchons à mettre en place des relations de long terme et une relation dans la durée prend toujours une forme de partenariat, mais ils sont, avant tout, nos clients. La Poste égyptienne est, bien sûr, un partenaire, surtout en ce qui concerne l'avenir et le plus long terme, et ceci est facilité par le fait qu'il y a entre nous un dialogue très fructueux. Mais aujourd'hui, dans le cadre de la distribution de nos offres d'assurance, nous sommes leur prestataire. Et pour que cela fonctionne, il faut comprendre leur stratégie et nous aligner sur leurs objectifs et intérêts stratégiques. Les distributeurs avec lesquels nous travaillons cherchent à diversifier leurs sources de revenus, à innover et à lancer d'autres produits, à renforcer leur image, à accroître leur part de marché, à renforcer leur acceptabilité auprès des autorités publiques, etc. En d'autres termes, il peut y avoir de nombreux intérêts à agir pour l'inclusion financière. La compréhension de ces moteurs, et donc des indicateurs de performance stratégiques associés, nous aide à définir non seulement les produits les plus pertinents, mais aussi à mettre en place l'expérience client la plus cohérente.

C'est pour cela qu'il est si important de ne jamais regarder simplement le prix d'un produit lorsque nous commençons à discuter avec notre partenaire – et de ne jamais, d'ailleurs, commencer la discussion par le prix – mais plutôt de comprendre l'intérêt stratégique et de rechercher l'alignement. Ainsi, on ne voit plus le prix comme étant un coût, mais bien comme étant un investissement. Notre objectif est de travailler avec des réseaux de confiance et de grande échelle afin d'avoir accès à un large segment de la population que nous cherchons à mieux protéger. Les partenaires que nous identifions doivent regrouper, d'une part, une vaste clientèle tandis que leur modèle doit permettre à leurs clients d'acheter une assurance de manière pratique, simple et transparente. C'est une question de confiance, de proximité et de volume. La première étape est fondée sur la confiance, car l'assurance est souvent peu ou mal comprise. La proximité est, quant à elle, aussi primordiale, car le parcours du client doit être simple et « sans couture ». Enfin, le volume, car l'assurance inclusive – et, plus largement, l'inclusion financière – repose sur des économies d'échelle.

La dernière condition est l'opérabilité, car les partenariats doivent pouvoir résoudre certains des points critiques lorsqu'il s'agit de faire fonctionner l'assurance à grande échelle, qu'il s'agisse d'une plateforme de paiement, de solutions de recouvrement, de la facilitation du dépôt et du paiement des demandes d'indemnisation. Et l'idée d'efficacité, apportée par le volume et l'opérabilité à grande échelle, conduit à un niveau de coûts plus bas, permettant ainsi d'augmenter la valeur et l'impact pour le client. Le cycle vertueux est enclenché.

Si l'on considère ces critères, la collaboration avec La Poste égyptienne est une opportunité fantastique, car elle remplit toutes les conditions. Le leadership et la vision de son président sont à la fois inspirants et pragmatiques, mais aussi nécessaires, si je puis dire, et stratégiquement alignés avec notre mission.

Un autre élément essentiel dont je suis vraiment convaincue: « casser les silos » est l'un des principaux facteurs de réussite pour développer l'inclusion financière. Casser les silos entre les applications. Casser les silos entre le numérique et le physique. Casser les silos entre les risques climatiques et les risques santé & prévoyance, entre les risques personnels et les risques professionnels, entre le secteur privé et le secteur public, entre le monde académique et celui de l'entreprise, entre les petites et les grandes organisations. Prenons un exemple: trop souvent, on a tendance à tracer une ligne de démarcation entre les *fintech*, dépeintes comme des organisations entièrement numériques et agiles, et les institutions publiques ou privées bien établies, dotées certes de réseaux de distribution physique solide et à grande échelle, mais de systèmes hérités complexes et quasi impossibles à changer. Dans cet exemple, faudrait-il faire un choix entre l'agilité et l'échelle ? Nous sommes convaincus que nous pouvons faire les deux avec le même partenaire. Et nous ne sommes pas les seuls. L'une des missions de la Fondation Schwab[1] pour l'entrepreneuriat social, par exemple, organisation à but non lucratif qui est à la croisée des chemins ou plutôt des silos, et essaie foncièrement de bouger le lignes ou plutôt les silos – est-ce que je pousse trop l'image ? – est de récompenser à la fois l'innovation sociale et la créativité. C'est de récompenser à la fois les intrapreneurs sociaux (issus de grandes organisations,

1. La Fondation Schwab pour l'entrepreneuriat social, organisation sœur du Forum économique mondial, est une plateforme mondiale de premier plan qui accélère les modèles d'innovation sociale, qu'ils proviennent de grandes entreprises existantes ou de jeunes pousses.

qu'elles soient privées ou publiques) et les entrepreneurs sociaux, de créer un réseau pour les réunir et faciliter leur collaboration sur la base de la complémentarité de leurs atouts et de leurs ambitions.

Parlant d'exemple, j'aime beaucoup celui de M-Pesa, l'une des innovations les plus emblématiques du paysage de l'inclusion financière, mais pas nécessairement pour les raisons *usual suspects*. M-Pesa n'est pas né dans « un garage », comme une start-up, mais dans le cadre d'un partenariat entre un géant des télécommunications – Vodafone – et une organisation gouvernementale, le Foreign, Commonwealth & Development Office[1], l'agence de développement du Royaume-Uni. Nous parlons toujours de M-Pesa en termes d'innovation de produit, mais il y a aussi des leçons très intéressantes à en tirer d'un point de vue organisationnel.

1. Vision du partenariat et stratégie d'inclusion financière

D. M. : *L'assurance inclusive fait partie intégrante de l'inclusion financière. Quel est selon vous son rôle spécifique ?*

G. W.-R. : L'inclusion financière, au sens large, se réfère traditionnellement à quatre dimensions, que j'aime appeler le *carré de l'inclusion financière* : les paiements, l'épargne, le crédit et l'assurance. Et, trop souvent, elle est pensée en termes séquentiels : d'abord le crédit, puis les paiements (numériques), ensuite l'épargne, et enfin l'assurance, comme si l'assurance ne pouvait être proposée qu'une fois les autres étapes franchies. Mais, au contraire, il faut développer une approche holistique, en offrant ces services de manière plus simultanée, en utilisant une approche plus adaptée. Il ne s'agit pas

1. FCDO, anciennement appelé DFID (Department for International Development).

d'une séquence linéaire, mais d'un carré, car toutes ces dimensions fonctionnent ensemble. Nous devons donc élargir et enrichir les outils et les options financières pour les clients que nous ciblons.

La Poste égyptienne est l'une des rares organisations de ce niveau à ne pas aborder les services financiers de cette manière, *i.e.* séquentielle. La vision d'Egypt Post en matière de finances est bien celle d'un carré de services financiers (crédit, épargne, paiements numériques et assurance) où l'équilibre à l'intérieur du carré varie en fonction de la situation de chacun

***D. M. :** En ce qui concerne l'inclusion financière, pouvez-vous faire part de la vision et de l'ambition de la Poste Egyptienne ? Et est-ce que « casser les silos » est aussi, selon vous, essentiel et source d'innovation ?*

Dr S. F. : Chacun essaie de définir l'« inclusion financière » et de savoir *Qui* est exclu et *Qui* devrait donc être inclus. Selon moi, en Égypte, la cible de l'inclusion financière, c'est le client de La Poste égyptienne. En se fondant sur notre clientèle, nous pouvons définir l'inclusion financière comme des services financiers faciles, abordables et pertinents, qui permettent à chacun de s'émanciper. Notre objectif final est de redonner du pouvoir, notamment sur le plan numérique, du pouvoir de décision.

Aujourd'hui, chacun se soucie des données qu'il a, mais personne ne veut les partager avec d'autres. Le risque est de voir les données finir par être vendues, mais pas toujours pour les bonnes raisons ou de la bonne manière. Aujourd'hui, en Égypte, du moins, les gens accordent de plus en plus d'attention à leurs données, ce qui est une bonne chose, car cela nous oblige à aller dans la bonne direction d'un point de vue législation et organisation. Je pense, d'ailleurs, que la meilleure chose qui puisse arriver serait que les données des clients soient un jour regroupées en un seul endroit, sur une seule application mobile dans une seule banque, et que les clients en soient propriétaires. C'est le facteur clé pour améliorer la collaboration entre toutes les institutions financières, car cela nous forcera à ouvrir nos portes à la coopération, à la coordination, et pas seulement à la vente et à l'utilisation de poches de données. À Egypt Post, nous ne considérons pas les données comme notre trésor, mais comme notre avenir. Et c'est là que la création d'une protection assurantielle est essentielle. Ne pas faire en sorte que nos clients aient accès à d'autres services et ne pas les aider à interagir avec d'autres entreprises les conduira à créer des monnaies et des services numériques alternatifs, en dehors des fournisseurs traditionnels, ce qui aboutira à l'exact opposé de ce que nous essayions de faire, au départ. Bill Gates a dit un jour que *« les services bancaires sont essentiels, les banques ne le sont pas »*. Comment pouvons-nous nous assurer qu'il n'en sera pas de même pour les assureurs, pour les sociétés de services financiers traditionnelles ? En travaillant sur le processus lui-même, sur la propreté des données ; en recherchant des services supplémentaires ainsi que des collaborations avec d'autres ; et en offrant donc à nos clients un accès à plus de 160 services par l'intermédiaire de nos agences, leur donnant ainsi la possibilité de faire appel à d'autres fournisseurs, de confiance.

Par exemple, nous commençons à passer à un registre entièrement numérique. Nous venons de lancer un nouveau projet appelé « Bareedi » avec une société danoise et une société bahreïnienne. Chacun en Égypte aura une adresse électronique enregistrée, ce qui permettra de recevoir et d'envoyer des documents B2B ou B2C sécurisés par La Poste égyptienne. Cela renforcera également notre impact écologique en réduisant notre consommation de papier et nos émissions de carbone.

Un autre exemple que j'ai mentionné précédemment est l'application *Yalla Super*. Notre philosophie numérique consiste à donner à nos clients leurs paramètres et leurs fichiers numériques par le biais de cette application. Cela nous permettra d'être en mesure de collecter des versements et d'accorder des prêts aux personnes à faibles revenus. Les gens n'ont pas besoin de renseigner leur numéro d'identification et leur nom. Il leur suffit de scanner leur carte pour être redirigés vers l'espace de transfert d'argent. Si quelqu'un veut acheter des médicaments, il lui suffit de scanner l'ordonnance et de payer directement une pharmacie. Cela aidera les personnes à faibles revenus à utiliser les nouvelles technologies et les nouveaux services, grâce à la numérisation, à la reconnaissance faciale et à la biométrie. Cela leur permettra également de se responsabiliser et de s'approprier leurs documents numériques. D'avoir le pouvoir de décision. Nous avons déjà créé des prototypes. Nous travaillons sur une carte pilote liée à trois applications (pour les allocations, les services médicaux, les services financiers). Nous commencerons dans le gouvernorat de Port-Saïd avec 500 000 cartes physiques, mais par la suite, elles seront virtuelles sur nos applications, une carte « tout-en-un » partout.

D. M. : *Quelle est votre vision du partenariat avec AXA ? Qu'est-ce qui vous a amené à choisir un assureur privé comme AXA ? Quels seront, pour vous, les facteurs clés de succès de ce partenariat ?*

Dr S. F. : AXA est un nom très connu et une société très respectable, qui a également de très bons antécédents en Égypte. Mais en plus de cette vision « macro » de cette entreprise globale, ce que j'ai saisi lors de notre première rencontre avec vous, c'est la compréhension que vous avez du « micro-business » et surtout des clients dont nous parlons, de la façon dont les micro-entrepreneurs, par exemple, travaillent et vivent, et de la façon dont ces consommateurs interagissent avec le monde de la finance. C'est la partie la plus importante de l'équation. La micro-assurance et le microcrédit ne sont pas très connus en Égypte. Nous avons près de 26 millions de clients potentiels pour l'assurance qui sont des micro-entreprises. Ces clients sont confrontés à plusieurs défis : l'accès, le coût, la pertinence des offres. En outre, des questions culturelles liées à la confiance et à la compréhension constituent des obstacles au développement de l'assurance en Égypte, en particulier pour ce segment de la population. Nous devons donc gagner leur confiance. Et nous pensons que des noms reconnus comme AXA et La Poste égyptienne, une entreprise gouvernementale de confiance, réunis, sont en mesure d'y arriver.

La clé du succès réside dans le dévouement et le dynamisme de la direction, la compréhension de la nature de la société égyptienne et de son réseau commercial, et enfin la flexibilité nécessaire pour concevoir rapidement de nouveaux produits. Nous disposons d'une plateforme dédiée qui complète l'ensemble de l'écosystème conçu à cet effet. Je pense que l'union de nos forces représente un énorme potentiel pour nos deux organisations, pour le secteur de l'assurance et pour l'Égypte. Nos produits et services sont flexibles, rapidement configurables et reposent sur l'interopérabilité.

Dans le secteur de l'assurance, l'expérience du client est essentielle. Peut-être un peu plus que dans d'autres secteurs, car la valeur du produit se voit bien après son achat. De plus, dans la majorité des secteurs, l'expérience client contribue au « bonheur » et à la satisfaction (immédiate). Or, dans le secteur de l'assurance, un client n'est pas heureux par définition, car il s'est passé quelque chose de grave s'il est en contact avec son assureur. La source du bonheur se trouve donc dans le *processus*. Nous devons veiller à ce qu'il soit rapide et transparent. Encore une fois, notre objectif est le numérique, l'autonomisation et la protection sociale pour tous.

***D. M. :** comment ce partenariat s'inscrit-il dans la stratégie mondiale d'AXA en matière d'assurance inclusive ? Comment résumeriez-vous votre objectif commun ?*

G. W.-R. : Trop souvent, nous pensons que les partenariats avec le secteur public concernent les gouvernements ou les agences de développement. Mais même si c'est, en grande partie, vrai, il y a une autre catégorie d'organisation publique avec qui il est essentiel de collaborer : les entreprises publiques. Ce sont des partenaires extrêmement pertinents pour nous en raison de leur mission historique de service public, de leur volonté de transformation – souvent sous-estimée à cause des systèmes hérités qu'elles doivent entretenir – et, bien sûr, de la couverture territoriale de leur réseau de distribution. Par exemple, nous avons un partenariat avec Krung Thai Bank en Thaïlande, Bank Mandiri en Indonésie, deux banques d'État qui sont sur des trajectoires très ambitieuses et très transformantes. Leurs dirigeants visionnaires sont en train de modifier profondément le paysage des services financiers de leurs pays et nous faisons partie de ce voyage.

Aujourd'hui, nous sommes particulièrement fiers de commencer à travailler avec les équipes de La Poste égyptienne parce que c'est une entreprise nationale, digne de confiance et reconnue, une marque qui compte beaucoup dans la vie de millions d'Égyptiens.

Notre objectif commun est de changer le paysage de l'inclusion financière en Égypte. Plus précisément, nous ne voulons pas être positionnés comme étant *low cost*, car cela donne l'impression qu'il s'agit d'un service *bon marché* mais de faible qualité, presque de la charité. Et les clients émergents, qu'ils appartiennent à l'économie formelle ou informelle, qu'ils soient bancarisés ou non, ne recherchent pas la charité ou un service low cost, bien au contraire. Ils ne peuvent pas se permettre d'investir 15 euros dans quelque chose dont ils ne sont pas sûrs, ils préfèrent investir 25 euros dans quelque chose de confiance. Ils recherchent à la fois la responsabilisation, le pouvoir de décision et un bon rapport qualité-prix. Et en ce qui concerne la confiance, comme je le disais, Egypt Post est probablement l'une des marques les plus fortes du pays.

2. Risques, public cible et expérience des clients

D. M. : *Combien de clients souhaitez-vous atteindre dans les années à venir ? Avez-vous des objectifs spécifiques en matière de clientèle ?*

Dr S. F. : Il est essentiel de garder à l'esprit notre vision finale : notre objectif est d'autonomiser les gens. Nous leur apprenons à utiliser la technologie, nous travaillons presque comme des consultants pour eux. En ce qui concerne notre partenariat avec AXA, nous ne voulons pas seulement avoir un « grand nom » à des fins de marketing. Nous devons toucher l'ensemble de la population. Démocratiser l'assurance, c'est toucher tout le monde. Aujourd'hui, il y a 110 millions de lignes mobiles en Égypte. Mon objectif est maintenant d'atteindre, grâce à notre collaboration avec AXA, autant de personnes qu'il y a de lignes mobiles, soit les 110 millions d'Égyptiens ! Tout le monde doit comprendre que l'assurance n'est pas un coût, mais un investissement. C'est l'avenir. Et comme le dit AXA, cet avenir, en grande partie grâce à l'assurance, ne doit pas être un risque.

INDUSTRIALISER LES SOLUTIONS D'INCLUSION FINANCIÈRE

Entretien avec Shamina Singh et Garance Wattez-Richard

Shamina Singh est la fondatrice et la présidente du Mastercard Center for Inclusive Growth. Elle en est également la vice-présidente exécutive du développement durable, membre de son *Management Committee* et sponsor exécutif du réseau Pride au sein de l'entreprise.

Elle dirige le Centre avec pour mission de tirer parti des données, de la technologie, du capital et de l'expertise de Mastercard afin d'accélérer l'impact et l'innovation sociale. Dans son rôle d'« EVP for Sustainability », elle est responsable du développement et de la mise en œuvre de la stratégie environnementale, sociale et de gouvernance dans l'ensemble de l'entreprise, notamment en liant les mesures ESG à la rémunération de tous les employés.

Profondément attachée au service public, Shamina Singh a occupé des postes à responsabilité à la Maison-Blanche et à la Chambre des représentants des États-Unis. Elle a été directrice exécutive de la première Commission consultative présidentielle sur les Américains d'origine asiatique et les insulaires du Pacifique, créée par décret en 1999 et reconduite par chaque président depuis lors.

En 2015, elle a été nommée par le président Obama et confirmée par le Sénat américain pour un mandat de six ans au conseil d'administration d'AmeriCorps, une agence indépendante dotée d'un budget de 1 milliard de dollars qui place plus de 270 000 bénévoles dans des organisations du secteur social à travers les États-Unis.
Shamina Singh est titulaire d'une licence en sciences de l'université Old Dominion et d'une maîtrise en affaires publiques de la Lyndon B. Johnson School of Public Affairs de l'université du Texas, à Austin. Ces deux institutions lui ont décerné le prix Alumni of Distinction. Elle est également *fellow* de l'Aspen Institute.

1. Le Mastercard Center for Inclusive Growth et les stratégies d'inclusion financière du secteur privé

D. M. : Pouvez-vous donner un aperçu du Mastercard Center For Inclusive Growth en quelques mots ?

Shamina Singh : Le Centre a été créé pour être une plateforme du secteur privé au service d'une croissance inclusive en utilisant les actifs dudit secteur. En le créant il y a dix ans, nous sommes partis de la conviction qu'une société inclusive à l'échelle mondiale est une société qui donnerait à chacun les outils pour naviguer mieux, plus rapidement et plus en sécurité, dans une économie de plus en plus numérisée. La mission principale du Centre est de favoriser à la fois une croissance durable et équitable, et l'inclusion financière, dans le monde entier.

D. M. : Pouvez-vous nous en dire plus sur le modèle organisationnel : comment le Centre collabore-t-il avec les activités « traditionnelles » de Mastercard ?

S. S. : Notre objectif est de tirer parti des atouts de Mastercard pour avoir un impact social et environnemental. Notre succès est intrinsèquement lié aux réalisations de l'entreprise. Mastercard opère sur 210 marchés, avec 3 milliards de titulaires de cartes, 100 millions de petites entreprises et de nombreux commerçants. La puissance du réseau Mastercard est déterminante pour notre activité. Le rôle du Centre est d'utiliser à la fois l'expertise de ce réseau, la technologie, et des ressources philanthropiques pour favoriser une croissance inclusive. Notre approche, toujours fondée sur des recherches factuelles, repose sur trois piliers : les *insights*[1], à travers la collecte de données et d'informations ; l'impact, à travers le développement de programmes opérationnels ; et l'influence, à travers des actions de plaidoyer.

Nous voulons être à la pointe de ce qui se fait en cherchant activement à analyser des sujets nouveaux peu ou mal identifiés dans le débat public, et concevoir des solutions nouvelles. Notre position particulière au sein de Mastercard nous permet de consolider ces *insights*, et ce positionnement de « fer de la lance » nous permet d'alimenter nos partenariats, nos produits, nos services.

Pour ce qui est de *l'impact*, nous concevons des programmes et des partenariats qui répondent à ces besoins pour créer des changements tangibles. Plutôt que d'essayer de changer de manière massive et systémique, et de mener de grands projets pendant des décennies, nous concentrons nos efforts sur des domaines spécifiques, de manière presque chirurgicale, où nous pensons pouvoir faire une différence significative.

La dimension « *d'influence* » vise à partager nos connaissances et nos propositions de manière ouverte. Le Centre for Inclusive Growth fonctionne, à ce titre, selon une logique d'« Open Knowledge » (« biens communs »), car nous rendons accessibles l'ensemble de nos connaissances. À cet égard, notre activité de plaidoyer et d'influence

1. Voir note n° 26.

repose sur un dialogue avec des décideurs publics et privés ainsi que sur des publications et des conférences.

La singularité de notre approche est de pouvoir judicieusement articuler notre savoir, notre impact, et notre capacité d'influence. Cette combinaison fondée sur un équilibre pas toujours évident à trouver permet, en effet, de débloquer beaucoup de choses. Souvent, dans une entreprise, il existe une entité «*prospective* et *insights*», un autre département qui travaille sur les programmes et les produits, et encore une autre équipe pour la communication, l'influence et le marketing. Nous avons créé un unique Centre d'excellence au sein de Mastercard, qui s'attache à réunir ces trois éléments pour favoriser une croissance inclusive, en mettant l'accent sur l'inclusion financière.

D. M. *: en quoi le Centre est-il une source d'inspiration ?*

G. W.-R. : Pour nous, le Mastercard Center for Inclusive Growth est un modèle à plus d'un titre. Ce qui m'inspire vraiment beaucoup, c'est la manière dont Shamina Singh a réussi à faire tomber les barrières entre beaucoup de parties prenantes mais aussi beaucoup de façons de faire les choses. Cela paraît très simple quand elle l'explique, mais c'est vraiment très difficile à mettre en œuvre. Prenons l'exemple de son approche de l'« Open Knowledge » qui a explicitement été conçue comme un moyen de contribuer au bien commun. C'est une manière de faire disparaître les frontières qui existent trop souvent entre l'*interne* et l'*externe.* Les efforts du Centre ont aussi transcendé les clivages traditionnels entre les différents secteurs d'activité, comblant le fossé entre les initiatives à but lucratif et non lucratif, et contribuant même, de manière significative, à effacer les distinctions entre les ambitions du secteur public et celles du secteur privé.

Ce type d'approche soulève, à cet égard, la question des étiquettes que nous attachons aux organisations, qui sont de moins en moins adaptées, de plus en plus limitées, mais que nous continuons malgré tout à utiliser.

La posture d'humilité de Shamina Singh, qu'elle a insufflée au Centre, me semble également très inspirante. Shamina Singh souligne ainsi que le Centre n'a pas opté pour des projets massifs visant des changements systémiques, car ces derniers demandent de nombreuses années avant de décoller ou de démontrer leur potentielle pérennité. Comme les petits ruisseaux font les grandes rivières, le Centre a réussi à passer à l'échelle : en tirant parti des actifs et du réseau de Mastercard, pays après pays, partenariat après partenariat, tout en restant indépendant dans son évaluation grâce à la recherche développée en propre.

Leur manière de travailler illustre le fait qu'ils ont su résister à la tentation intellectuelle d'adopter une approche unique et de tenter de la reproduire ensuite sur tous les marchés, ou à celle d'acheter d'énormes réseaux de distribution à travers le monde – ce qu'ils auraient pu faire – pour les déployer ultérieurement. Non, ils ont su voir que le diable était dans les détails, et y travailler. C'est une véritable source d'inspiration.

L'inclusion – qui, par définition, repousse les frontières – implique, presque mécaniquement, un travail de recherche et d'*insight*, de créativité, une approche entre/intra-preneuriale, mais aussi un changement d'état d'esprit et une agilité organisationnelle. Quelle que soit l'organisation. C'est ensuite la conjonction de ces éléments qui engendre le modèle le plus approprié, adapté à la culture, par nature unique, de chaque organisation.

AXA, lors de la création d'AXA EssentiALL, s'est engagée dans une voie particulière, en créant une entité dédiée, au niveau du Groupe, en lien avec des équipes intégrées, au niveau de chaque entité pays, au sein de l'activité traditionnelle de l'entité en question. Nous avons choisi ce modèle d'organisation, car nous étions convaincus qu'une unité rattachée à l'ensemble du Groupe serait la mieux placée pour utiliser les actifs de l'organisation. Nous le faisons, et protégeons de plus en plus de personnes vulnérables tout en nous alignant sur les intérêts locaux des entités AXA. Ainsi, nous développons, d'une part, l'activité, créons, d'autre part, un impact tout en participant, enfin, de plus en plus au débat public.

Une stratégie hybride a émergé, s'alignant à la fois sur les dimensions commerciale et sociale. Le moteur de l'inclusion financière réside, en grande partie, au sein de l'activité EssentiALL d'AXA, mais elle ne pourrait exister sans des collaborations ou des « réseaux », à la fois internes et externes.

En interne, nos efforts s'entrecroisent et sont renforcés par d'autres entités et équipes du Groupe, qu'elles soient ou non des fonctions « business », ce qui garantit à la fois alignement et force du discours. Tout au long de notre parcours, nous avons ainsi travaillé en étroite collaboration avec les acteurs internes comme AXA Climate – qui nous permet de combiner la couverture des risques climatiques avec les protections des risques traditionnels –, l'équipe Group Risk Management pour trouver des solutions qui permettent de respecter le *risk landscape* tel que compris par AXA tout en s'adaptant à cette population, ou encore l'équipe Développement durable qui a une vision plus large en termes de vulnérabilités, et avec laquelle nous renforçons mutuellement nos objectifs, partageons et confrontons nos idées, et établissons des indicateurs communs. Mais nous avons progressivement réalisé que d'autres entités, plus commerciales, avaient, elles aussi, pour ainsi dire, des « poches » d'assurance inclusive : des partenariats, des produits, des services relevant d'une logique de protection inclusive étaient destinés à des segments de populations vulnérables mais n'avaient pas été désignés comme tels. La création d'un département centralisé a permis de mettre en lumière ces initiatives préexistantes. Dans un Groupe aussi important qu'AXA, de nombreuses initiatives sont prises sans être forcément classées dans la bonne « catégorie ». Le fait d'avoir une équipe qui les concentre permet au Groupe non seulement de rassembler et d'exploiter efficacement ses ressources au service de l'inclusion, mais aussi de disposer d'un forum de discussion, d'une communauté, d'un réseau. Tout cela est essentiel pour développer nos convictions, nos *insights,* notre créativité et le bon niveau d'agilité.

Il en va de même pour les collaborations externes. Nous ne serions pas là où nous en sommes aujourd'hui sans le réseau externe que nous avons créé avec des *think tanks* ou des ONG comme CGAP[1] et ACCION International[2] ; des organisations multilatérales comme l'Organisation internationale du travail (OIT) ou la Société financière internationale (IFC) ; des forums sectoriels publics / privés comme le FID[3] ou le CEOP[4] ; des fondations comme la Fondation Gates ou la Fondation Schwab[5] ; des universités comme l'INSEAD, SciencesPO ou l'université NYU ; des *fintech* et des *insurtech*[6] comme Finfrog ou Democrance[7].

1. Le CGAP est un partenariat mondial de plus d'une trentaine de leaders du développement qui s'efforcent d'améliorer la vie des personnes vivant dans la pauvreté, en particulier les femmes, par l'inclusion financière.

2. ACCION International est l'une des plus importantes organisations sociales actives sur l'inclusion financière au monde, très présente notamment en Amérique latine. Elle a touché près de 350 millions de clients.

3. Créé en 2021 et présidé par Esther Duflo, le Fonds d'innovation pour le développement est un dispositif novateur de financement du développement. Au cœur de son approche : les synergies entre des équipes d'innovation et de recherche pour piloter, tester et évaluer l'impact des projets à l'aide de méthodes scientifiques rigoureuses.

4. Le CEOP est le CEO Partnership for Economic Inclusion fondé par la reine Máxima des Pays-Bas.

5. Voir note n° 35.

6. Entreprise développant une solution technologique appliquée au domaine de l'assurance (mix de *insurance* et *technology* en anglais), par analogie aux *fintech* (voir note n° 25) dans le secteur financier et bancaire.

7. Democrance est une start-up, basée à Dubaï et présente dans 16 pays du Sud, qui est dédiée à l'accès à l'assurance.

D. M. : *Pouvez-vous nous expliquer comment vous mesurez votre impact ?*

S. S. : Nous disposons d'outils d'analyse d'impact très rigoureux, qui nous permettent de mesurer l'impact de tout ce que nous faisons, depuis le début. Par exemple, notre programme pour les petites entreprises, *Strive,* a franchi une étape importante puisque nous avons atteint 5 millions de petites entreprises en deux ans, et la mesure de l'impact a été un point d'attention clé tout au long de son développement.

Notre approche, c'est de mettre l'accent sur des actions ciblées, mais avec des effets de grande envergure. Un bon exemple de notre méthode, c'est la façon dont nous promouvons l'inclusion financière des femmes. D'abord, nous avons identifié les secteurs à forte participation de la main-d'œuvre féminine (comme l'industrie de l'habillement sur certains marchés d'Asie et du Moyen-Orient). Ensuite, nous nous sommes associés à des organisations telles que *Business for Social Responsibility (BSR)* pour renforcer l'inclusion financière via le digital, notamment en Égypte. Les ressources de Mastercard ont été utilisées pour digitaliser le paiement des salaires – et donc ouvrir un compte bancaire disponible sur mobile – tandis que BSR s'est chargé de la formation et de l'accompagnement des personnes. Notre analyse en Égypte a montré une augmentation de 20 % de l'épargne chez les femmes qui utilisaient régulièrement des outils digitaux.

Nous avons donc vu des femmes passer d'un rejet total à une forte adoption des solutions digitales. Nous avons même vu des hommes vouloir participer au programme. Il s'agissait d'une intervention « chirurgicale » dans le sens où nous nous sommes engagés avec notre partenaire dans une communauté spécifique et d'une manière spécifique, mais nous avons finalement eu un impact beaucoup plus large. Grâce à ce type d'initiatives, nous passons du « ou » au « et », sans nous soucier de savoir si ces initiatives sont publiques ou privées, à but lucratif ou non, tant qu'elles sont clairement au service des gens.

D. M. : *Vous avez l'habitude de fixer des objectifs très élevés – comme lorsque Ajay Banga a parlé à l'Assemblée générale des Nations unies de l'objectif de Mastercard d'atteindre 500 millions de personnes en quelques années – et de les atteindre. Pourriez-vous nous en dire plus sur la « recette secrète » qui se cache derrière ce qui ressemble à de belles prophéties autoréalisatrices ?*

S. S. : Notre démarche est systémique. Comme nous lions de plus en plus l'inclusion financière à notre stratégie commerciale, nous fixons des objectifs et les gérons comme nous le faisons pour d'autres objectifs commerciaux. Nos objectifs se fondent sur une logique de preuves, à l'image de l'étude menée par Harvard soulignant les coûts liés à l'utilisation de l'argent liquide. Pour nous, le véritable concurrent, ce ne sont pas les entreprises qui font la même chose que nous. C'est l'argent liquide. Nous avons donc convaincu nos actionnaires du bénéfice à long terme et pour tous d'une économie numériquement inclusive. Nous utilisons la même méthodologie pour notre impact *business* et notre impact social. En fait, la rémunération de tous nos employés est désormais liée, en partie, aux résultats de l'entreprise en matière d'inclusion financière et d'autres engagements RSE.

2. Du Sud au Nord : innovation inversée et synergies ?

D. M. : *Comment décririez-vous les synergies, les apprentissages potentiels et les points communs entre vos activités dans le Sud et dans le Nord, notamment en ce qui concerne les trois dimensions que vous avez mentionnées plus tôt (insight, impact, influence) ? Existe-t-il des enseignements communs ou les différences sont-elles* *trop importantes pour organiser une forme de gestion globale des connaissances et du savoir-faire?*

S. S.: Les synergies entre nos activités dans le Sud et le Nord sont importantes. Bien que les interventions puissent différer en raison des contextes locaux et des services publics, les défis auxquels sont confrontées les populations marginalisées restent similaires. Qu'il s'agisse du changement climatique, de la sécurité financière, de l'emploi ou de la volatilité des revenus, les personnes appartenant à ce segment sont confrontées à la même nature de risque, qu'elles vivent aux États-Unis, en Europe ou en Inde. Et puis, trouver des solutions communes est la clé d'un passage à l'échelle efficace. Parce que nous gérons des programmes en Amérique latine, en Asie, en Afrique, en Europe et aux États-Unis, nous recherchons activement des points communs afin de reproduire les initiatives réussies dans les différentes régions, tout en veillant à maintenir notre dynamique.

Lorsque ces initiatives sont ponctuelles, l'élan s'essouffle et ce n'est plus efficace. Pour trouver de l'efficacité et la capacité de passage à l'échelle, il nous faut régulièrement «dézoomer» et nous demander où l'on peut appliquer ce que nous avons appris, où une situation similaire se produit et comment on peut la mettre à l'échelle. Nous consacrons donc beaucoup de temps et d'énergie à faire cet exercice de prise de recul et à nous poser les questions suivantes: *«Qu'avons-nous appris ici?», «Comment pouvons-nous l'utiliser dans une autre situation?»* Et, au contraire: *«Qu'est-ce qui est unique?»*

Par exemple, l'Amérique latine a la particularité d'être très rapide en matière de digitalisation, de *fintech,* et d'innovation. Nous l'avons constaté lors de la crise du Covid, lorsque des initiatives telles que Mercado Libre ou Fundación Capital ont pris très rapidement de l'ampleur, et nous avons demandé à nos partenaires dans d'autres marchés s'il était possible d'en tirer des enseignements.

Malheureusement, les fluctuations de revenus, les difficultés à épargner alors qu'il faut nourrir ses enfants ou maintenir ses moyens de subsistance, sont des dimensions transverses. Nous essayons donc d'utiliser nos apprentissages et notre base de connaissances pour « transplanter » des idées. Les femmes indiennes qui dirigent de petites entreprises discutent avec des femmes d'Amérique latine ou du Moyen-Orient qui font la même chose, et les enjeux qu'elles ont en commun dépassent largement ce qui les distingue. Elles discutent également avec des Européennes ou des Américaines, souvent immigrées, qui souhaitent faire des affaires avec des fournisseurs de leur pays d'origine. Cela peut paraître anecdotique, mais ça ne l'est pas. Car les points communs entre le Sud et le Nord ne sont pas seulement dus à des risques similaires. Ils sont également dus aux trajectoires historiques entre les pays, à l'immigration, au commerce, aux dynamiques politiques, économiques, sociales et climatiques qui entraînent des mouvements de population. Et puis, comme le font les grandes entreprises, les petites veulent bénéficier des économies d'échelle et des gains d'efficacité qui découlent de l'adoption de produits provenant de différents pays du monde. Chez Mastercard, nous avons la capacité d'offrir une échelle qui est tout aussi importante pour elles, mais qu'elles ne peuvent souvent pas atteindre par elles-mêmes.

D. M. : *Comment voyez-vous la « dynamique opposée » actuelle entre les marchés matures et le monde émergent – avec une vulnérabilité croissante dans les marchés matures et, inversement, la croissance d'une classe moyenne à faibles revenus, dans les marchés émergents ?*

S. S. : Avant l'épidémie de Covid, on observait de plus en plus une sortie de la pauvreté, avec de nombreuses personnes qui passaient de l'extrême pauvreté aux classes moyennes ou émergentes. On revient à la trajectoire d'avant. Dans les marchés émergents, nous voyons aussi cet élan ; mais il reste encore beaucoup de ponts à franchir dans les pays les moins avancés.

Les difficultés rencontrées sur les marchés matures sont dues à des systèmes hérités bien ancrés, ce qui rend l'innovation plus complexe. En revanche, les marchés émergents, qui ne sont pas prisonniers de ces systèmes, peuvent adopter des changements plus rapides. Nous avons commencé la plupart de nos travaux sur l'inclusion financière en dehors des États-Unis, et en avons ensuite rapporté des enseignements. Notre responsable de l'impact social en Amérique du Nord, aujourd'hui, a beaucoup travaillé à l'international – notamment au Kenya en dirigeant notre laboratoire d'innovation – et nous l'avons spécifiquement choisie pour cela.

Ce que nous avons fait en matière d'interopérabilité et de transférabilité des prestations reflète cet état d'esprit. L'idée des avantages transférables est née quand nous nous sommes demandé quel devrait être notre rôle en termes d'avenir du travail et quand nous avons analysé les domaines dans lesquels nous pourrions être efficaces. Nous avons fini par nous concentrer sur la *gig economy*[1] et les plateformes de *jobbing*[2]. À partir de là, nous avons commencé à réfléchir aux moyens de découpler les prestations de l'emploi, de créer des moyens pour que les prestations suivent les gens d'un emploi à l'autre. Nous avons expérimenté un programme de ce type en France, qui a inspiré l'administration française.

Notre théorie du changement se concentre sur les *réseaux* en tant que moteurs des économies modernes. Nous avons, bien sûr, conscience des inégalités de revenus comme étant une source d'exclusion, mais nous sommes convaincus que la proximité avec des

1. Littéralement « économie des petits budgets » ou « économie à la tâche », c'est un système dans lequel les emplois sont flexibles, temporaires ou indépendants.

2. Système de mise en relation de particuliers, les uns cherchant du travail, les autres ayant du travail ponctuel à faire réaliser.

réseaux détermine la réussite ou l'échec des individus. Notre mission consiste donc à éliminer les obstacles à l'accès à ces réseaux. L'inclusion financière est notre point de départ, mais nous prenons aussi en compte les liens avec l'éducation, les ressources naturelles, etc. Le changement climatique, par exemple, n'est pas abordé de manière isolée, mais à l'intersection des moyens de subsistance et du climat. Notre objectif est de pouvoir adapter les ressources de chacun, et de modifier les incitations à certains comportements, afin d'autonomiser les personnes touchées par le changement climatique.

C'est pour cela que, lorsque nous pensons au climat, nous ne le faisons pas en vase clos. Notre intervention en matière de changement climatique se situe à l'intersection entre ce qui relève de l'impact social et ce qui est directement lié au climat. Pour nous, les incitations à la réduction des émissions de CO_2 visent à garantir que les personnes qui sont en première ligne du changement climatique soient en mesure d'adapter leurs moyens de subsistance. De la même manière que nous l'avons fait pour la digitalisation, nous essayons d'aider les gens à s'adapter à une économie climatique, et à contribuer à une économie positive pour le climat.

Dans notre théorie du changement, fondée sur les réseaux, nous constatons que nous sommes solides en matière de services financiers, de ressources, et nous nous demandons donc : quel est notre lien avec le climat ? Il s'agit toujours d'un « et », et non d'un « ou ». La responsabilité environnementale va AVEC la responsabilité sociale. C'est la direction que nous prenons en tant qu'entreprise et au sein du Centre.

D. M. : *comment organisez-vous le dialogue entre vos entités opérant dans le Sud et en Europe ?*

G. W.-R. : Bien qu'il existe des différences évidentes entre le Sud et l'Europe, mon point de vue, à l'instar de celui de Shamina Singh, met davantage l'accent sur l'importance des synergies et des dynamiques communes que sur les divergences.

Ces synergies reposent sur ce que j'appelle les « mécanismes universels d'adaptation ». Ces mécanismes comprennent un ensemble de stratégies, telles que la diversification des activités génératrices de revenus, la promotion des réseaux – sociaux, c'est-à-dire communautaires, souvent physiques – et la facilitation de l'accès au crédit. Les discussions que nous avons eues précédemment avec Jérôme Fourquet et Jonathan Morduch ont permis d'approfondir ces enjeux. Cela signifie qu'un Indonésien engagé dans la protection des travailleurs informels pourrait échanger de manière fructueuse avec un Français spécialisé dans le travail indépendant et les travailleurs informels.

Les dynamiques croisées que nous observons sont aussi significatives. D'une part, la croissance rapide des économies émergentes, associée aux défis actuels auxquels sont confrontées les économies matures, a brouillé la démarcation autrefois claire entre les deux mondes. D'autre part, le phénomène des diasporas, illustré par des communautés telles que les Mexicains aux États-Unis ou les migrants subsahariens en Europe, a forgé un paysage véritablement mondial pour l'inclusion financière – même leur pouvoir de représentativité semble devenir de plus ne plus fort.

Pour moi, l'exemple de Mastercard confirme que la notion d'échelle doit être définie très précisément.

Pendant longtemps j'ai pensé que nous devions trouver des partenaires qui nous permettraient de couvrir immédiatement un très grand nombre de personnes. Lorsque nous avons lancé l'entité EssentiALL, nous avons passé beaucoup de temps à mettre en place des partenariats avec de grands opérateurs téléphoniques, en raison du nombre impressionnant de clients qu'ils touchent directement. D'une certaine manière, c'est l'ADN d'une entreprise comme la nôtre, avec une logique de grands comptes : nous assurons de très grandes organisations qui comptent parfois des dizaines, voire des centaines de milliers d'employés, ou de clients. Cette façon de penser est aussi un héritage des grands nombres qui sont toujours associés aux clients émergents. On parle d'eux en milliards, parce qu'il est vrai qu'ils représentent la majorité de la population.

Mais cette vision est trompeuse. Car ces marchés sont, en réalité, très fragmentés. Pour le dire de manière imagée, ils ne constituent pas un vaste espace continental, mais un très grand archipel, c'est-à-dire un ensemble qui partage évidemment des dimensions communes et une identité transversale, mais qui reste profondément discontinu. Notre stratégie de changement d'échelle est donc claire pour moi : nous devons nous développer selon une logique multi-marchés, qui vise à multiplier les programmes innovants et adaptés localement, parfois de taille moyenne ou même petite. *Scale out* plutôt que *Scale up*[1]. Une constellation d'innovations.

1. Plutôt se diversifier en misant sur la qualité de service que de croître à tout prix.

CONCLUSION

Tout au long de ces échanges, j'ai d'abord cherché à définir de la manière la plus concrète possible comment un secteur, l'assurance, pouvait contribuer à lutter contre les inégalités sociales et ainsi participer à la cohésion sociale, en particulier en poussant les frontières de l'assurabilité afin d'inclure de manière adaptée et pertinente le plus de monde possible.

Cette offre d'une assurance inclusive repose ainsi sur 3 grands éléments qui se combinent : un marché cible, une mission, et une manière spécifique d'entreprendre et d'innover.

Notre marché cible, ce sont les classes moyennes modestes, qui représente 70 % de la population dans le Sud et plus de 25 % de la population en Europe. Pour ce segment, l'assurance inclusive se définit par sa mission, celle de la création de valeur à la fois économique et sociale : assurer la résilience des populations modestes et accompagner dans la mesure du possible leur trajectoire ascendante.

L'assurance inclusive est enfin un *modus operandi* spécifique à travers une démarche d'engagement de nombreux partenaires pour créer des offres abordables, accessibles et utiles. En effet cette mission ne peut se faire qu'au travers de partenariats et d'alliances avec d'autres organisations. Avec nos partenaires de distribution bien-sûr, privés ou étatiques, digitaux ou physique ou un mélange, mais aussi avec des associations qui travaillent au quotidien au plus proche des communautés que nous cherchons à couvrir. Avec le monde académique qui développe de la recherche pour mieux comprendre l'impact de la vulnérabilité sur les comportements et les modes de décision. Avec le monde publique, national ou multilatéral, avec lequel nous cherchons à construire des solutions innovantes de couverture universelle.

Au-delà de notre responsabilité économique et sociale, qui nécessite de créer des modèles à la fois durables économiquement et à forte valeur ajoutée sociale, il me semble pour conclure que nous devons également contribuer à façonner, à renforcer certaines *narratifs* comme disent les Anglo-Saxons. Cela peut paraitre symbolique voire anecdotique mais au contraire, c'est un véritable enjeu de leadership : je serais fière si nous contribuons, à notre échelle, à changer les regards de la société sur des personnes qu'elle juge vulnérables. Et l'une des manières les plus efficaces pour faire ça est par le biais des récits, dont la force est considérable. Prenons un exemple : lors du Covid, nous sommes passés d'une vision de « travailleurs vulnérables à faibles revenus » à celle des « héros discrets de la résilience du pays ». Reconnaître les difficultés, les rendre visibles, mais trouver une manière d'en parler dans l'espace public qui soit fidèle à la fois à la réalité des situations et facteur de dignité. C'est fondamental. Car l'inclusion est *in fine* un enjeu d'estime de soi et de dignité.

Notre responsabilité consiste ainsi d'une part à contribuer à la reconnaissance et à la visibilité dans l'espace public de ceux que nous cherchons à mieux protéger. C'est une première étape indispensable. Mais nous devons aller plus loin, c'est-à-dire participer à construire des récits mobilisateurs et poser les bases d'une société plus *désirable*. Des organisations pionnières ont d'ailleurs déjà largement commencé à explorer le sujet[1] et sont un maillon essentiel

1. L'organisation Sparknews, precurseuse et pionnière du sujet a notamment lancé la *Fabrique des récits* pour « réveiller les consciences par « l'art et la création »

de la transition inclusive, qui doit avoir lieu à la fois en termes absolus mais aussi relatifs dans le cadre de la transition climatique.

Je me permets ici un dernier petit détour, rapide et philosophique, pour illustrer cette extrême importance du récit : je suis fascinée par l'une des idées que l'historien Yuval Noah Harari explore dans son ouvrage *Sapiens : une brève histoire de l'humanité.* Il explique que la vraie force d'*Homo sapiens,* sa différence – celle qui lui a permis de dominer voire d'exterminer tous les autres « types » d'humains, Néandertaliens, Dénisoviens, etc. –, a été d'avoir eu la capacité de façonner des imaginaires et des récits communs entre personnes qui ne se connaissaient pas – ce que les autres n'avaient pas su faire. C'est cette capacité à forger un esprit de communauté, de croyances communes et donc de destin commun, sans pour autant se connaître physiquement, qui a fait la différence. Car elle a créé une force et une dynamique commune, la capacité à avancer ensemble, sans coordination physique. C'est une leçon universelle : à notre mesure, nous devons investir dans la force du récit, par le dialogue, par les partenariats, par la preuve, pour faire bouger tout notre écosystème. Créer un récit mobilisateur, fédérateur, et inspirant : cet enjeu quasi-culturel, en plus de la création de valeur sociale et économique, me semble ainsi une bataille à laquelle des entreprises comme les nôtres peuvent, doivent, participer.

LES AUTEURS

Garance Wattez-Richard

Garance Wattez-Richard a commencé sa carrière à la Commission européenne à Bruxelles en 1997 avant de travailler au sein du bureau du Chief Economist de la Banque Européenne pour la Reconstruction et le Développement (BERD) à Londres jusqu'en 1999. De 2000 à 2005, elle est consultante en stratégie pour les cabinets LondonEconomics et Arthur D. Little.

Elle rejoint AXA Investment Managers en 2005 à Paris et en 2012 prend la direction de la communication externe du Groupe AXA. En 2016 elle fonde l'activité d'assurance inclusive d'AXA, AXA Emerging Customers, qui distribue des produits d'assurance aux populations modestes dans les marchés émergeants. Cette activité devient AXA EssentiALL en 2024 lors de son extension vers les marchés européens.

Elle détient le prix de l'*Intrapreneur(e) de l'année* de la *Schwab Foundation for Social Entrepreneurship*, et le premier *Women in Insurance* Award de la *Geneva Association*.

Garance Wattez-Richard est diplômée de l'Université Paris IX Dauphine, la London School of Economics, l'Institut d'Etudes Politiques de Paris (Sciences Po.) et détient un MBA de l'INSEAD.

David Ménascé

David Ménascé dirige le cabinet Archipel&Co, l'un des cabinets de conseil leader en Europe sur le sujet de l'innovation sociale et des stratégies d'inclusive business. Il accompagne depuis une vingtaine d'années entreprises, entrepreneurs sociaux et organisations de développement dans la définition et la mise en œuvre de leurs stratégies d'innovation sociale.

Il enseigne également à HEC Paris, et a notamment créé et dirigé pendant plus de 10 ans le programme d'Executive MBA à HEC « *innovation and Social business* » en partenariat avec l'Université de Cape Town en Afrique du Sud et l'Indian Institute of Management Bangalore en Inde.

Il a publié ses travaux dans de nombreuses revues académiques (Harvard Business Review, Revue Française de Gestion) ou en partenariat avec des think tanks (Fondation Jean Jaurès, Institut de l'entreprise).

David Ménascé est diplômé d'HEC et de Sciences Po Paris.

REMERCIEMENTS

Merci à chacune des personnes qui ont partagé ici leur expertise, leur expérience, leurs convictions : Jonathan Morduch, Jérôme Fourquet, Guillaume Borie, Marie Degrand-Guillaud, Hakan Ates, Sharif Farouk, et Shamina Singh. Merci pour leur temps et pour les nombreux échanges que nous avons eus ensemble. Sans eux, ce livre n'existerait pas. Et le chemin à suivre pour faire de l'inclusion financière une réalité ne serait pas aussi avancé.

Merci à David Menascé, pour son appui dans la réalisation de ce livre, ainsi que pour son soutien précieux et constant depuis des années afin de pousser plus loin les idées, penser différemment et oser.

Un infini Merci à Thomas Buberl, Henri de Castries et Denis Duverne pour leur vision et leur confiance.

Merci à Patrick Cohen, Hassan El-Shabrawishi, George Stansfield, Gordon Watson et à tous ceux qui ont rendu possible la naissance et croissance de l'assurance inclusive en y croyant contre vents et marées divers et variés, et en poursuivant toujours et encore.

Merci à toutes celles et tous ceux qui font partie de notre grande famille AXA EssentiALL et qui, en France, en Europe et dans les marchés émergents, permettent de mieux protéger des personnes mal couvertes par l'assurance traditionnelle. Un mot particulier aux piliers fondateurs de l'aventure intrapreneuriale qu'a été AXA

Emerging Customers, qu'est toujours AXA EssentiALL – Hadil, Laura, Lina, Mallika, Mallika, Michal, Monnida, Nadia, Quentin, Sanjeev S. – ainsi qu'à toute l'équipe.

Merci à SAR la Reine Maxima et à Ajay Banga pour leurs idées, leur voix et leur influence globales qui changent la donne.

Merci à tous nos partenaires, secteurs privé et public confondus, pour leur agilité et leur envie de casser les silos. Un mot particulier pour nos partenaires de JV – Mandiri Bank, KrungThai Bank, Metro Bank –, et à quelques individus clés du secteur public & associatif pour leurs convictions et énergie inébranlables – Francois Bonnici (Schwab Foundation & WEF), Craig Churchill (ILO), Ekhosuehi Iyahen (IDF), Michael McCord (Milliman), Sophie Sirtaine (CGAP), les équipes d'Accion sous la direction de Michael Schlein, le MicroInsurance Network.

Merci à Nicolas Narcisse d'avoir été à l'origine de ces dialogues, et à Nelly Garnier qui m'a accompagnée tout au long de cette aventure.

Merci à mes trois filles, Mahault, Castille et Isaure, qui sont une sacrée source d'inspiration et de joie, et qui me donnent l'envie de continuer de changer les choses tous les jours. Et à mon mari, Stéphane, qui en subit les conséquences – de son plein gré.

Un intime Merci à mon père ce héros et à ma mère ce cocon.

Merci enfin au lecteur, qui me lit jusqu'ici et qui aura, je l'espère, pu être inspiré et incité à l'action.

Cet ouvrage a été mis en pages
par IGS-CP à L'Isle-d'Espagnac (16)

Achevé d'imprimer en France
sur les presses de Dupliprint
733, rue Saint-Léonard, 53100 MAYENNE
Dépôt légal : septembre 2024
N° d'impression : 2993165A